L'UNION AMÉRICAINE

APRÈS LA GUERRE

PAR

LE PRINCE CAMILLE DE POLIGNAC

Ex-Général de division, États Confédérés.

PARIS

E. DENTU, LIBRAIRE-ÉDITEUR,
PALAIS-ROYAL, GALERIE D'ORLÉANS, 17 ET 19.
—
1866

L'UNION AMÉRICAINE

APRÈS LA GUERRE

PAR

LE PRINCE CAMILLE DE POLIGNAC

Ex-Général de division, États Confédérés.

PARIS

E. DENTU, LIBRAIRE-ÉDITEUR,

PALAIS-ROYAL, GALERIE D'ORLÉANS, 17 ET 19.

—

1866

AVANT-PROPOS

Je n'ai pas eu l'intention dans un si court aperçu de faire une étude approfondie du droit de sécession, ni des causes de la guerre d'Amérique. Mon but a été d'appeler l'attention du public sur les attaques dirigées tous les jours contre les États du Sud et de mettre en relief leurs points principaux afin d'en démontrer le peu de fondement. Comme elles procèdent toutes de causes analogues, la même défense sera toujours applicable. Les amis du Sud trouveront dans ce qui suit des points que je n'ai pu qu'ébaucher, mais qui sont susceptibles d'un développement utile à la même cause; et je m'estimerai heureux si quelques-uns d'entre eux veulent bien compléter ma tâche. Une seule plume ne peut suffire à la multiplicité des attaques. Hier encore, M. Prévost-Paradol vantait, dans le *Journal des Débats*(1), la *modération* des radicaux d'Amérique; il décidait que « *rien n'empêchait le Congrès d'intervenir dans le règlement même du droit de suffrage....,* » et ajoutait que *l'esprit français* n'aurait pas *hésité devant cette solution logique,* etc. » Quelque séduisants que puissent paraître les arguments philosophiques de l'auteur, nous ne saurions adopter ses conclusions. Il faut qu'il ait perdu de vue le principe des institutions américaines, pour ignorer que le droit de chaque État de régler à sa guise son propre suffrage, était un des piliers de la Constitution; et que le gouvernement ne peut intervenir en cette matière sans se rendre coupable d'une usurpation manifeste que les radicaux eux-mêmes se mettent peu en peine de justifier. Prétendre que l'esprit français n'eût pas hésité en pareil cas, c'est le taxer gratuitement d'injustice; c'est, à notre avis, le confondre avec *l'esprit de parti. No-*

(1) Voir le *Journal des Débats* du 1ᵉʳ novembre 1866.

tre esprit français, en tous cas, se révolte à cette idée ; et j'espère ne pas me tromper en pensant que bien des gens, peu disposés à envisager les questions à travers les yeux d'un parti, protesteront, — en la lisant, — contre cette étrange assertion, et trouveront, avec moi, que l'auteur a traité les sentiments de la France un peu trop à *l'américaine.*

Le public, dont l'opinion se forme sur ce qu'il lit, est d'autant plus sujet à être induit en erreur que la vérification lui est généralement impossible. Mais, à défaut de lumières sur la question de droit ou de fait, il est un critérium applicable à tous les écrits politiques. Il consiste, — laissant de côté les faits, — à examiner avec soin les *théories.* Si l'auteur les a déduites du tempérament de la société dont il traite ; de ses tendances particulières, de ses usages, de ses mœurs ; ce sera une présomption en faveur de l'ouvrage. Mais que le lecteur le rejette comme malsain s'il trouve que ces mêmes théories ne sont fondées que sur le terrain stérile d'une philosophie abstraite.

L'UNION AMÉRICAINE

APRÈS LA GUERRE

A l'issue de la guerre d'Amérique, lorsque le président Lincoln fut enlevé à son triomphe et aux espérances de son parti par le couteau d'un assassin, l'opinion publique s'émut singulièrement en France. Les amis du Sud furent troublés dans leurs convictions. Les indifférents, les timides qui n'attendaient qu'une occasion pour se prononcer, tous ceux enfin que le succès affole, se joignirent aux partisans du Nord. Alors, enhardis par la prostration des vaincus, séduits par l'espoir d'un succès sans obstacles, des écrivains de tous les ordres, depuis les plus illustres jusqu'aux plus obscurs, célébrèrent la victoire du Nord, et il n'y eut qu'une voix parmi eux pour livrer le Sud à l'exécration publique. Quelques-uns allèrent même jusqu'à accuser ses illustres chefs de participation dans l'assassinat de Lincoln, car la nature humaine est tellement idolâtre de succès, qu'il lui semblerait ravir quelque chose à son triomphe si elle ne cherchait encore à flétrir le malheur.

L'opinion était alors trop prévenue pour que la défense du Sud pût être efficace. Tout au plus pouvait-elle s'élever jusqu'à une dénégation formelle des calomnies alors répandues ; encore celle-ci était-elle à peine écoutée. Les circonstances étaient trop favorables au Nord, et leurs apparences trop habilement exploitées, pour que le public pût aller au delà ; on semblait même chercher par la violence des attaques et l'audace des affirmations à lui en ôter le désir, et par conséquent la possibilité de s'éclairer. Lorsque les passions s'élèvent en tumulte contre la raison, celle-ci ne peut que se taire et attendre son heure, qui du reste ne vient pas toujours. Aujourd'hui, pourtant, que plus d'une année a passé sur ces tristes événements, on peut espérer que le public, dégagé des influences critiques du moment, est mieux préparé à jeter un regard en arrière et à demander aux événements accomplis ce que les fédéraux ont tiré de leur victoire, et à quoi ils ont fait servir le sang versé ?

Pour bien comprendre la situation, il faut se former une idée précise de la position que la guerre a faite aux États du Sud dans le pays. Ils dépendent des trois pouvoirs suivants :

1° Du Président, en vertu des pouvoirs que la Constitution lui accorde, augmentés de ceux qui sont nés de la guerre et qui, n'étant pas prévus, ne sont limités que par l'opinion ou les circonstances. Ce sont ces attributions exceptionnelles qui lui ont permis de faire des catégories d'amnistiés et de proscrits, d'ordonner des confiscations, de nommer des gouverneurs dans les États du Sud, toutes choses opposées à l'esprit des institutions américaines, et qui donnent au Président un pouvoir arbitraire dont, il est vrai de dire, il a usé avec beaucoup de modération.

2° Du Congrès, non tel que la Constitution le définit, mais d'un Congrès exceptionnel dont les États du Sud sont exclus, mais où ils sont gouvernés par les Représentants des États du Nord. Ce Congrès, qui a siégé plus d'un an, vient de s'ajourner jusqu'au mois de décembre. La majorité y est très-hostile à la réintégration des États du Sud dans l'Union américaine, et a réussi deux fois à maintenir un projet de loi, malgré le *veto* du Président (1).

3° Enfin du ministère, ou département de la guerre, à la tête duquel est le général Grant, et qui est représenté dans les États du Sud

____

(1) La dernière mesure du Congrès, a été de refuser des fonds pour réparer les levées du Mississipi. — On sait que la Louisiane a été désolée, cette année, par d'affreuses inondations. Ce refus inqualifiable a été dû à l'influence du sénateur N.-P. Banks, qui n'a pu oublier sa défaite de Mansfield.

par les commandements militaires et le bureau des affranchis, insti-
tution née aussi de la guerre, aussi arbitraire que nuisible, et dont
le seul résultat, pour ne pas parler du but, a été, jusqu'à présent,
d'entretenir l'animosité entre les blancs et les noirs, d'enrayer le
travail et d'aggraver pour les deux races les difficultés qui naissent
de l'émancipation dans un pays à moitié ruiné.

Les plus constitutionnels de ces pouvoirs ne le sont qu'à demi et
ils ont trop d'occasion d'empiéter les uns sur les autres, dans leurs
sphères respectives, pour ne pas en user largement. Ils ne répudient
pas pour cela la Constitution, ils prétendent, au contraire, en être
les défenseurs. Ils se vantent d'avoir sauvé la patrie d'une dissolution.
Que, si on leur objecte que depuis plus d'un an que la guerre a cessé
ils n'ont point encore rétabli l'Union sur les bases qui leur ont servi
de prétexte à faire la guerre, ils invoquent la nécessité, — cet ἀνάγκη
politique que les oppresseurs tiennent toujours suspendu sur la tête
des vaincus, et au moyen duquel les principes sont sacrifiés brutale-
ment aux intérêts du moment, ou, par une sorte de concession faite
à l'équité, ils sont commentés avec hypocrisie, de manière à les accommoder à la situation présente et aux passions des vainqueurs.

Ces remarques s'appliquent aux trois pouvoirs énumérés ci-dessus,
mais dans des mesures différentes ; moins au président Johnson
qu'aux deux autres, car, s'il y a eu un effort pour rétablir l'Union
sur ses anciennes bases, comme la plus simple notion de justice
l'exigeait, c'est lui seul qui l'a fait. Quant au département de la
guerre, les vexations que la force dont il dispose lui permette de
faire souffrir aux citoyens du Sud sont innombrables, et comme
elles s'exercent partout et tous les jours, la publicité cesse d'être une
ressource contre elles. Leur fréquence même est pour elles une
garantie d'impunité. Tantôt c'est un officier municipal dont l'élection est annulée, tantôt c'est un coupable condamné que l'autorité
militaire remet en liberté. On a même été jusqu'à faire arrêter le
juge et le jury pour avoir rendu une sentence qui déplaisait. Enfin
le bureau des affranchis couronnait l'œuvre en Louisiane, en s'arro-
geant le droit de lever un impôt dans l'État, acte dont la répression
nécessita l'intervention directe du Président (1).

(1) Une commission d'inspection du bureau des affranchis, nommée par le
gouvernement, et composée des généraux Steadman et Fullerton, a fait dernièrement son rapport au président ; duquel il appert que ledit bureau, outre le mal qu'il a fait à la population blanche du Sud, a encore fraudé les
nègres et le gouvernement.

Tout cela se fait au nom de la liberté ; car, s'ils en accordent peu, ils en prennent beaucoup et c'est en la gardant pour eux qu'ils ont réussi quelquefois à se faire passer pour ses champions, contre je ne sais quels principes anti-libéraux qu'ils s'enorgueillissent d'avoir écrasés, mais qu'ils n'ont jamais bien définis. Car c'est ici que la difficulté commence. Leur libéralisme leur fait défaut au moment même où ils ont écarté les obstacles qui s'opposaient à son application. C'est comme une ombre qui se cache toujours derrière quelque objet. Il leur est facile de parler de liberté, mais c'est la liberté de tyranniser qu'il faut entendre, la seule qu'ils convoitent et à laquelle ils sont toujours fidèles.

On a beaucoup parlé dans ces derniers temps et beaucoup vanté le désarmement qui se fait aux États-Unis. Cela tient à ce que le rôle que joue l'armée n'a pas été apprécié à son véritable point de vue. Il est clair que le pays n'en a pas besoin pour se défendre contre ses voisins, et si elle avait pour but de réprimer un nouveau soulèvement du Sud, elle serait fort insuffisante. Mais son objet est de gouverner les États du Sud, en d'autres termes, de permettre aux autorités militaires d'intervenir partout et à chaque instant dans la direction des affaires des moindres localités, d'annuler les élections municipales qni ne leur conviennent pas, de casser les sentences des juges, en un mot de prendre la haute-main sur tout ce qui se fait dans le pays. C'est là le rôle de l'armée, et on conserve ce qui est nécessaire pour atteindre ce but : Le reste ne sert à rien et il serait inutile d'en charger le budget. Voilà le secret du désarmement dont on a fait tant de bruit.

Qu'on n'aille pas croire que ce tableau est illusoire ou exagéré ; les tristes exemples qu'on en voit tous les jours ne laissent malheureusement pas la possibilité même du doute, et il n'est pas toujours praticable de résister à toutes les formes qu'assume la tyrannie, comme les citoyens de la Nouvelle-Orléans ont pu le faire dernièrement à l'égard de la convention radicale qui s'y était assemblée spontanément et sans mandat. Quand la tyrannie revêt des dehors hypocrites, elle n'en devient que plus insultante, et la fourberie était tellement éhontée en cette circonstance, que l'un des chefs des radicaux a craint d'y attacher sa responsabilité. Mais ailleurs, la résistance est illusoire. Le gouverneur du Missouri se défiant peut-être de la complaisance des troupes fédérales, a organisé à son tour une force armée qui ne dépend que de lui, et avec laquelle il annonce hautement qu'il se maintiendra au pouvoir si les élections ne lui sont pas favorables. Comme on voit, l'exemple est contagieux, et il serait puéril, en présence de pareils faits, de chercher des arguments pour prouver que le Sud n'est pas soumis au régime du sabre, et que l'armée n'est pas actuellement, aux États-Unis, un élément du pouvoir. C'en est même le plus puissant, et dans beaucoup d'endroits le seul. Le langage de la députation que le malheureux État du Missouri vient d'envoyer au président Johnson est assez explicite. Tout ce qui n'est pas radical n'a pas le droit de voter; s'ils plaident ou s'ils prêchent, ils sont jetés en prison. Enfin, disent-ils, nous n'avons plus *une forme républicaine de gouvernement*, et le temps est venu où il faut nous adresser au gouvernement général pour nous la garantir d'après la Constitution, car nous sommes soumis à la tyrannie d'une faction qui nous a ôté toute liberté civile et toute liberté religieuse. Le Président, touché d'un pareil tableau, a annoncé que le général Hancock, qui commande ce département militaire, leur prêterait le secours que la justice et leur droit requèreraient. Si cette promesse est tenue, le conflit pourra aller loin, car les radicaux n'abandonneront pas le gouverneur et sa garde, et ils ne sont pas sans influence sur l'armée. Mais enfin elle témoigne du bon vouloir du Président, et c'est toujours cela.

En résumé, il n'existe plus de libertés dans les États du Sud que par accident ou par tolérance. Le Congrès a détruit leurs libertés politiques; le département de la guerre empiète tant qu'il lui plaît sur leurs libertés municipales; et pour la liberté individuelle, le bureau des affranchis en fait bon marché. C'est un vrai tribunal d'inquisition, scrutant la conduite privée, descendant au besoin dans les consciences. Les austères puritains, ces purs, ne se font pas scrupule de s'en servir, car ils ont un art infini pour concilier la religion avec leurs vilenies. La Bible d'une main et de l'autre une balance, ces perpétuels chanteurs de psaumes prétendent peser les erreurs humaines; mais leurs poids sont faux en politique comme en morale, et ils oublient de peser leurs mensonges.

Je ne connais pas d'exemple plus frappant de l'hypocrisie de cette classe d'hommes et du faux patriotisme dont ils font parade, que celui que nous offre la longue et malheureuse guerre qui vient de s'achever. A voir tous les partis si étroitement unis pendant le conflit contre l'ennemi commun, on les aurait dit animés du plus pur patriotisme. Des gens peu clairvoyants s'y sont trompés. Mais au lendemain de la victoire, tout est bien changé, car il s'agit d'en profiter et c'est le partage des dépouilles qui engendre les disputes.

Aussi les vieux partis renaissent, et d'autant plus acerbes que le moment est plus important pour la suprématie de chacun d'eux. Selon l'usage chacun se proclame seul, *libéral* et *patriotique*. Les autres sont des ennemis de la patrie ; ils sont dangereux ; ce sont des *traîtres*. Pendant la guerre ce mot ne s'appliquait qu'au Sud ; comment faut-il donc l'entendre, puisque leur triomphe à peine assuré, ses ennemis se le jettent réciproquement à la face ? Qu'on n'aille pas croire que ces épithètes de *déloyauté*, de *trahison*, répondent à un ordre d'idées, ou si l'on veut de méfaits politiques reconnus par la loi. Loin de là, ils perdraient tout leur prestige à être définis. Il est des moyens usités en politique par lesquels lorsqu'on veut flétrir une chose qui en soi n'est pas du tout flétrissable, on lui applique un mot odieux. Cela est très-simple et réussit fort souvent. Un homme ou une classe de gens sont dénoncés comme traîtres par un parti violent, il n'en faut pas davantage et les voilà bons à pendre. Sans doute il y a bien quelques esprits qui chercheront à découvrir si le mot cadre avec la chose, mais il y en a si peu : en général, le mot suffit, et on comprend quel parti on peut en tirer. Le Sud ravagé, pillé et subjugué nous le montre assez. Neuf fois sur dix, quand un parti politique a sans cesse le mot de traître à la bouche, vous pouvez être sûr qu'il médite quelque infamie dont il cherche à s'excuser par avance. Les radicaux du Congrès ont senti que, pour mener leurs entreprises à bout, il fallait fixer sur leurs adversaires une flétrissure proportionnée à l'extrémité de ces mêmes entreprises. Aussi à quels excès de langage ne se sont-ils pas portés ? Il faut avouer que leurs instincts s'y prêtaient merveilleusement bien. De là le flot de véhémence qu'on a vu. Les confiscations, les proscriptions, le droit de conquête, ont tour à tour été vantés dans le congrès et souvent avec l'adhésion du plus grand nombre. Les haines de parti n'y ont pas non plus manqué. On se souvient qu'à l'occasion du vote sur le bill des droits civils, M. Ben Wade, un des sénateurs de l'Ohio, remerciait Dieu en plein Sénat de la maladie des sénateurs Wright et Dixon, qui devait assurer la majorité à son parti. C'est ainsi que la religion se mêle à toutes ces débauches du cœur et de la parole. Le fanatisme du Nord sait le faire marcher côte à côte avec la poursuite très-assidue des intérêts matériels. N'est-ce pas un moyen de tout justifier ? Il n'est pas nouveau, mais qu'importe ! puisqu'il réussit encore, c'est qu'il est bon.

Les scènes qui en résultent tournent souvent au grotesque et seraient tout à fait comiques, si elles n'atteignaient personne. Il y a

quelques mois, le gouverneur du Michigan, qui est affligé du nom in-
grat de Crapo, après quoi, dit le correspondant américain du *Stan-
dard*, il est presqu'inutile d'ajouter que Son Excellence est un radical,
fixait un jour de jeûne, d'humiliations et de prières pour l'État de Michigan, afin que, par l'intervention divine, le cœur du président
Johnson s'adoucît et se tournât vers le *parti radical* en souffrance.
Que n'ose-t-on pas quand on a ainsi Dieu de son côté? Le fanatisme
joint à l'esprit de parti (faussement appelé patriotisme) forme une
ligue capable de commettre et de justifier tous les crimes. Aussi,
moins humains que le sensible Crapo, d'autres radicaux prient Dieu
tout simplement *d'ôter M. Johnson du siége présidentiel*. Et ils ne
laissent pas tous à la Providence le soin d'en choisir le moyen ; car
l'un d'eux, il y a quelque temps, disait un dimanche, du haut de
sa chaire, à Carrolton (Illinois) : « *Je prie Dieu d'envoyer un autre
Booth pour enlever l'iniquité du siége présidentiel.* »

Le mélange de la religion et de la politique a toujours été de mode
dans le Nord, surtout dans le parti radical. Certains ministres de la
religion sont appelés prêcheurs politiques. Beecher en est le plus célèbre. Dernièrement dans le Connecticut, en même temps qu'ils an-
nonçaient leurs meetings de prières, ils faisaient savoir que des
brochures politiques sur la crise actuelle seraient distribuées du haut
de la chaire. Il faut pourtant rendre cette justice à l'Église épiscopa-
lienne (ou anglicane), que ses ministres se sont toujours abstenus de
s'ingérer dans les affaires politiques du pays et de prostituer leur
caractère religieux aux passions et aux intérêts du jour.

Il eût été étrange que la véhémence des radicaux ne les entraînât pas
quelquefois en dehors des limites de leur propre terrain. Aussi, est-ce
sans trop d'étonnement, mais avec un profond sentiment de comique
et de ridicule que l'on rencontre des tirades comme celles du *Radical*,
un journal de Boston, où ce soi-disant organe de la pure démocratie
s'emporte jusqu'à traiter le président Johnson de *vil tailleur?* Cela
n'est que de l'inconséquence; mais voici une circonstance où l'hypocrisie se montre enfin sans masque : nous voulons parler de l'admission dans l'Union de l'État du Colorado. Au point où en était
venu le différend entre le Président et les Radicaux, il était très-im-
portant pour ceux-ci d'augmenter le nombre de voix dont ils pouvaient disposer au Congrès. Le territoire du Colorado leur parut
offrir l'occasion désirée. On s'était assuré de l'élection éventuelle de
deux sénateurs radicaux, ce qui était d'autant plus facile que le
Colorado ne possède que cinq mille électeurs, condition dans laquelle

on n'avait jamais auparavant admis de territoire dans l'Union. Un véritable marché fut passé, mais il y avait une difficulté. On sait que le parti radical a toujours, par la bouche de M. Summer et de ses amis, revendiqué le suffrage des nègres dans les États du Sud, et en a fait une des conditions de leur admission dans l'Union. Or, le territoire du Colorado, sans avoir un grand désir d'entrer dès à-présent dans l'Union, avait pourtant accepté les conditions du parti radical, mais il fut intraitable sur la question du suffrage des nègres. Il n'en veut absolument pas, et la Constitution qu'il a votée et avec laquelle il devait être admis dans l'Union, exclut les nègres du droit électoral. La difficulté paraîtra grande à bien des gens. En effet, la question métaphysique du suffrage des nègres se présentait là tout entière. La liberté, l'égalité, les droits naturels de l'homme, tous les arguments au moyen desquels les radicaux avaient si souvent établi, à leur entière satisfaction, que la plus simple notion d'humanité donnait au nègre le droit au vote dans les États du Sud, réclamaient l'exclusion du Colorado ou une modification à sa Constitution. D'un côté se levait l'intérêt politique du parti radical à renverser ou à dominer le président Johnson ; de l'autre, tous ses principes. M. Summer et ses partisans ne furent pas longtemps à se décider : le Colorado fut admis. Et il importe de remarquer que cette circonstance n'était pas une de celles qui s'imposent quelquefois à une nation et dont la difficulté et l'inopportunité peuvent exiger une sorte de transaction avec les principes abstraits qu'on voudrait lui appliquer. Elle était au contraire entièrement de la création des radicaux. Le Colorado ne les appelait pas ; ce sont eux qui allèrent le chercher, parce qu'ils en avaient besoin, bien entendu ; et il n'y avait au fond de tout cela qu'une intrigue politique, qu'une manœuvre de parti, conduite avec une effronterie indicible. Du reste, elle ne leur a servi de rien. Le Président a mis son *veto* sur le bill d'admission du Colorado, et par un retour perfide, ce territoire a envoyé au Congrès deux délégués conservateurs. Mais le récit de ce trait caractéristique peut servir d'avertissement au public sur les louanges qu'on lit tous les jours de la secte radicale. En mettant en regard ses paroles et sa conduite il n'aura pas de peine à se convaincre que la prétendue philanthropie dont le nègre lui a fourni l'occasion de faire parade, n'est qu'un masque pour tromper l'opinion.

A mesure qu'on avance dans l'injustice, on prend moins de peine pour déguiser ses sentiments. Hier encore, le comité du budget, en faisant son rapport au Congrès, recommandait de frapper le côton—

produit du Sud — d'un impôt de cinq sous par livre, tandis que l'huile de pétrole — produit du Nord — serait affranchie de tout impôt. On ne peut mieux se servir, et c'est ainsi que se servent ces *humanitaires* qui s'intitulent les *seuls amis* de la liberté, par quoi il faut entendre qu'ils sont amis de la liberté pour eux seuls.

Au fond, le radical du Nord, le puritain, le yankee pur-sang, n'a d'autres principes que son intérêt. Mais comme il est hypocrite, il en recherche toujours quelqu'un à l'ombre duquel il prépare ses fins jusqu'au jour où la contradiction devenant trop flagrante entre ses intérêts matériels et ce même principe, il l'abandonne ouvertement. Il compte alors sur le succès pour le justifier. Le moyen a toujours été bon, et il l'est doublement de nos jours. Car, si le succès a, dans tous les temps, porté avec lui sa propre justification, l'hypocrisie n'a jamais été plus à la mode qu'aujourd'hui. Le siècle est hypocrite, on n'en peut douter; et nul autre n'a tant fait parade de *principes politiques*, cadre vide que l'intérêt prend soin de remplir.

Il ne faut pas chercher d'autre explication à la conduite des radicaux pendant et depuis la guerre. On se flatte que l'émancipation des nègres amènera la fin de la guerre par le massacre des blancs : vite on la décrète. On espère que leur émancipation politique assurera la prépondérance du parti dans tout le territoire de l'Union : aussitôt la liberté, la fraternité, l'humanité, l'évangile, et jusqu'à la divinité sont invoquées pour démontrer la nécessité de cette mesure. Puis, vient un jour où on a besoin du Colorado. Les mêmes raisonnements s'appliquent à l'admission des nègres aux droits politiques dans ce territoire, moins l'intérêt qu'y prend le parti et l'avantage qu'il doit en tirer. Ce jour là, l'humanité dort, l'évangile est fermé, la divinité est muette ; le Colorado est admis, et les nègres exclus. Enfin, s'agit-il d'établir le budget : le moyen n'en est pas moins simple. Les États du Sud ne sont pas représentés au Congrès. La circonstance est favorable et le coton est imposé. Même en y regardant de près, on s'aperçoit qu'un règlement judicieux de l'impôt sur le coton permettrait de le substituer à celui dont est grevée l'huile de pétrole. On propose donc un impôt de cinq sous par livre, et voilà du même coup le budget réglé et l'huile de pétrole dégrevée. En vérité, c'est là un procédé admirable, et l'*humanité* ne peut manquer de reconnaître l'importance d'un service rendu à une industrie naissante dont il ne serait pas juste d'amoindrir les bénéfices. Ainsi le pensent assurément nos bons radicaux. On ne se doute même pas, à première vue, de l'étendue de leur sacrifice; car ils ont immolé à ce budget les principes qui, de tout temps, leur ont été les plus chers. Ici la question financière se rattache à un axiome politique de la plus haute importance ; en effet, les États du Sud se trouvant taxés sans représentation, c'est le grief des anciennes colonies contre George III, et qui a amené leur rupture avec la mère-patrie. Le droit à être représenté, si l'on est imposé, a été jadis érigé en principe par les fondateurs de la République, et ce principe ils l'ont trouvé digne de le défendre les armes à la main. Il semblerait donc que les partisans de la politique qui prévaut donneraient *ipso facto* aux États, ou plus proprement aux colonies du Sud, le droit de se révolter. Oui, et ils le savent bien, mais ils le font après une longue guerre, quand la lutte a épuisé leurs adversaires. Ces braves radicaux ont, il faut l'avouer, des arguments irrésistibles.

Raisonner est inutile. En vain dira-t-on qu'il serait sage d'appliquer, la guerre finie, les principes au nom desquels elle a été faite. On vous laissera dire. En vain s'étonnera-t-on de voir la Constitution dont la guerre devait établir l'éternelle suprématie, méconnue par ses propres défenseurs qui ne songent plus à l'appliquer du moment qu'elle devient applicable ; on vous laissera vous étonner. Peut-être ira-t-on jusqu'à essayer de vous répondre que c'était vous qui attaquiez la Constitution ; que c'est donc vous faire droit que de ne pas vous l'imposer ; et que vous avez bien mauvaise grâce à venir chicaner un adversaire qui vous accorde que vous aviez raison, après qu'il vous a égorgé pour vous prouver que vous aviez tort.

Telle est la logique de MM. Summer, Thaddeus, Stevens, etc., etc., et de leur parti, logique dont en politique on ne peut nier l'excellence, mais fort discutable en morale. Leur principe est de faire ce qui leur est avantageux, et ils s'en justifient en criant bien haut que leur parti est celui de la liberté et que Dieu et l'Évangile sont avec eux.

Le président Johnson, calmé de ses premières fureurs, s'est montré jusqu'ici comme un modérateur entre la haine du Congrès et les exactions des commandants militaires. Il est un des seuls, parmi les hommes influents du parti vainqueur qui ait été conséquent avec ses principes. Il a rêvé de bonne foi la restauration de l'Union par la force, dangereuse utopie, selon nous, ainsi que le démontrent chaque jour les événements. Ayant écrasé ce qu'il appelle bien arbitrairement, sans doute, *la rébellion*, il ne songe qu'à rétablir l'Union sur ses anciennes bases. Il conteste aux vainqueurs le droit de la transformer, eux qui n'ont eu le droit de combattre que pour la maintenir, et surtout de la transformer sans le concours des États du Sud, leur imposant ainsi une nouvelle forme de gouvernement en faisant des lois pour eux et sans eux, ce qui est en opposition manifeste avec les doctrines les plus chères de la société américaine, comme avec les principes fondamentaux de toutes les institutions démocratiques. En un mot, il nie le droit de conquête qu'affirment les radicaux, et prétend qu'à son point de vue et au leur, cette prétention est insoutenable et que puisqu'ils affirment avec lui que les États du Sud n'avaient pas le droit de sortir de l'Union fédérale, il doit en résulter que, du moment qu'ils ont mis bas les armes, ils sont *ipso facto* rentrés dans cette Union et y reprennent de droit leur ancienne place. Ceci fait honneur à ses sentiments de justice. Mais, si la théorie en est simple, il faut avouer que l'exécution ne laisse pas que d'offrir quelques difficultés. Car, pour avoir succombé dans la lutte, le Sud n'a pas répudié ses principes. Il croit toujours à la justice de sa cause, mais, ayant été trop faible pour établir son indépendance, le peuple s'est rallié de bonne foi à l'Union. Toutefois, la pensée n'est pas morte chez lui, et les élections l'ont prouvé. Car au lendemain de sa défaite, encore sous le talon de l'armée victorieuse, on se souvient qu'il nomma des représentants liés par leurs antécédents au parti sécessioniste qu'on croyait écrasé. Ce fait est la meilleure réponse aux insinuations de certaines gens de parti qui cherchent à tromper l'opinion, en représentant la sécession comme l'œuvre d'une oligarchie qui avait entraîné le peuple malgré lui. S'il en était ainsi, la défaite et les calamités qu'elle a attirées auraient infailliblement amené une réaction. Ce qui n'a pas eu lieu, bien au contraire. Désarmé, mais non intimidé, on a vu le peuple par la voix du suffrage universel donner raison à ses défenseurs. Ce spectacle admirable sans doute, révéla aux vainqueurs un nouveau péril. On craignit que les Sudistes, qui n'avaient pu prévaloir par la force, ne persistassent à prévaloir par la raison. Chacun s'en émut et se prépara à éviter le danger à sa façon. Les radicaux, tranchant la question du premier coup, refusèrent d'admettre les représentants du Sud. Comme ils n'avaient à cela aucune espèce de droit constitutionnel, ils se servirent d'un expédient bon à rappeler, en ce qu'il caractérise l'esprit de fourberie particulier à cette race. Il a toujours été d'usage, quand un Congrès est remplacé par un autre, de faire faire l'appel des nouveaux membres par le *clerk* du congrès qui s'en va. Ce *clerk* est une sorte de secrétaire qui n'est pas un représentant. Or, il se trouvait appartenir au parti radical. Ce fut donc sans peine qu'on l'instruisit d'omettre en faisant l'appel, les noms de tous les représentants du Sud. Le Congrès se trouva de la sorte composé uniquement des représentants du Nord. On aura peine, parmi nous, à imaginer la possibilité et à concevoir le succès d'une pareille tricherie. Certes les auteurs de la Constitution ne se doutaient guère que l'adoption d'une mesure toute de forme et d'étiquette pourrait un jour devenir un instrument puissant entre les mains d'un parti stimulé par ses passions et son intérêt ; et que ce règlement, insignifiant en soi, donnait à un homme irresponsable et facile à gagner, le pouvoir de régler, pour ainsi dire à sa guise, la représentation du pays. Sans doute, en admettant que chacun agît de bonne foi, le règlement était sans danger, mais l'abus qu'on en a fait démontre une fois de plus la fragilité des prévisions humaines et prouve que la meilleure règle, en politique, est celle qui, sans être absolue, résout les questions à mesure qu'elles se présentent, à l'aide du bon sens et de l'équité. Quoi qu'il en soit le Congrès fut constitué comme il a été dit et cette mesure n'excita dans le Sud ni opposition ni surprise, tellement sont connus l'inefficacité de la raison et du droit sur le parti radical et son manque absolu de pudeur dans la poursuite de ses intérêts. Le Président ne jugea pas à propos d'intervenir ; au fond il blâmait l'exclusion des représentants du Sud. Sa politique n'était pourtant pas sans restrictions : il voulait bien que le Sud envoyât des représentants, mais il voulait qu'il les choisît d'une certaine sorte, c'est-à-dire de *son opinion*. Cela était bien difficile ; mais, en trouver de l'opinion des radicaux, était impossible. On voit donc qu'au fond tous poursuivaient le même but, quoique par des moyens différents. Une sérénade qui lui fut offerte le 18 avril (1866) par des soldats et des marins, lui donna l'occasion d'exposer en abrégé toutes ses vues. « *Je suis décidé,* dit-il, à combattre *les* « *traîtres et la trahison* dans le Sud comme dans le Nord..... Jadis, « dans le Sénat des États-Unis, j'ai combattu la doctrine de sépara- « tion et de sécession..... Nous avons dit que les États ne pouvaient « pas sortir de l'Union ; nous avons nié la doctrine de sécession et « nous avons démontré que nous avions raison. Nous l'avons *démon-* « *tré par la force de notre bras.* Oui, les soldats et les marins, que « Dieu les bénisse !... ont démontré par leurs cœurs patriotiques et « leurs bras forts, que les États n'avaient pas le pouvoir de quitter « l'Union.... La rébellion a été écrasée, et pourquoi ? Était-ce pour « *anéantir les États ?* Pourquoi tant de vies sacrifiées ? Pourquoi ce « trésor dépensé ? Était-ce dans le but de détruire les États ? Non.

« C'était dans le but de conserver les États dans l'Union de nos pères.
« C'est pour cela que vous vous êtes battus. »

La démonstration qu'invoquait le Président contre le droit de sécession, sinon entièrement satisfaisante au point de vue du raisonnement, ne laisse rien à désirer en pratique, et nous ne pouvons
mieux faire que d'engager les détracteurs périodiques du Sud dans
la presse française à s'en tenir à cette raison là. Leurs écrits y ga-
gneront en clarté et en force.

Ayant exposé ses principes quant au passé, le Président, dans le
même discours passe à l'examen de la crise actuelle. « Il s'agissait,
« dit-il, de conserver un grand principe qui avait été établi dans
« notre révolution, lorsque nos ancêtres luttaient contre le pouvoir
« de la Grande-Bretagne. Quel était un de leurs principaux griefs ?
« C'était de se voir refuser le droit *à la représentation*. Un des grands
« principes posés par nos pères, et qui a enflammé leurs cœurs,
« c'est qu'il ne doit pas y avoir d'impôt là où il n'y a pas représen-
« tation. Eh bien, alors, où en sommes-nous ? Qui est-ce qui a usurpé
« le pouvoir ? Qui a détruit l'effet de la Constitution ?... La Constitu-
« tion déclare en termes exprès que chaque Chambre, le Sénat et la
« Chambre des représentants, chacune en ce qui la concerne, sera
« juge des élections et de la qualité de ses membres. La Constitution
« déclare en outre, qu'aucun État ne sera privé de son suffrage
« égal dans le Sénat des États-Unis sans son consentement. Alors,
« où en sommes-nous ? Tout ce qu'il faut pour finir la grande œuvre
« de restauration, c'est que les deux Chambres déterminent respec-
« tivement la question. Oh ! mais quelqu'un dira : Un traître pourrait
« s'introduire. La réponse à cela est que chaque Chambre en sera le
« juge ; et si un traître se présente, ne peut-elle pas découvrir qu'il
« est un traître ? Et s'il est un traître, ne peut-on pas le jeter dehors,
« et le renvoyer chez lui en disant au peuple qui l'a envoyé : « *En-
« voyez-nous un homme loyal.* »

Les journaux rapportent qu'à ce passage il y eut des applaudisse-
ments et qu'une voix dans la foule cria : « C'est logique cela !... »
Le Président le pensait ainsi et il continua : « Y'a-t-il à cela l'ombre
« d'une difficulté ? Si un traître se présente dans l'une ou l'autre
« Chambre, cette Chambre ne peut-elle pas lui dire : Non, vous ne
« pouvez pas être reçu dans cette assemblée. Retournez d'où vous
« venez. Nous ne refusons pas à votre peuple le droit de représen-
« tation ; mais il faut qu'il nous envoie un représentant loyal. »
Sans pousser plus loin la traduction littérale des passages saillants

de ce célèbre discours, on peut dès à présent résumer les tendances des radicaux et du Président. Les premiers excluent la représentation, le second, les représentants, quand ils sont reconnus « traîtres et déloyaux. » Il ne serait donc pas malaisé d'accommoder les deux partis, s'ils parvenaient à s'entendre sur le sens qu'il convient de donner aux épithètes de « déloyal » et de « traître. » Mais c'est là ce qui ne peut se faire. Comme nous l'avons dit plus haut, il importe de ne pas trop définir. Ces mots sont délicats ; l'ombre leur est favorable. Le Président veut écarter les hommes déloyaux ; les radicaux opinent que dans le Sud ils le sont tous. Les uns ne veulent pas les laisser entrer, l'autre les fourrerait à la porte. Chacun appelle « déloyal » quiconque ne pense pas comme lui. Pour le Président, les radicaux sont déloyaux ; pour les radicaux, le Président est un traître. Ils ne s'entendront jamais. Car ils ont fait ensemble une guerre injuste, et la pente est fatale ; après avoir écrasé le droit, il faut étouffer la pensée.

Lorsque, dans un État, les différents pouvoirs manquent de limites définies et ne dépendent que des circonstances, ils ont bientôt fait de se régler sur la nécessité ; chacun l'interprète à sa manière et l'anarchie devient souveraine. C'est ce qui a lieu en ce moment aux États-Unis. Depuis la fin de la guerre, il n'y a eu entre les pouvoirs de l'État que querelles systématiques, incriminations passionnées, récriminations violentes, et tout ce que peut amener le désordre des passions politiques non restreintes par la peur. Entre le Président et le Congrès, la lutte a été constante ; elle a été moindre entre celui-là et le département de la guerre. Pourtant il y a peu de temps, lorsque le Président fit paraître une proclamation de paix tendant à rendre aux États du Sud leurs libertés municipales, le département de la guerre s'émut et informa les populations de ces États que cette proclamation n'affectait pas le bureau des affranchis, qu'elle ne rétablissait pas l'*habeas corpus,* qu'elle n'abolissait pas la loi martiale, en un mot qu'elle n'avait point d'effet et ne servait à rien. Le Président fut obligé de se soumettre. Qu'aurait-il pu contre le Congrès et l'armée ? qu'aurait pu le droit contre les passions servies par la force ?

II

Je terminerais ici cet aperçu politique sur les États-Unis si je ne désirais signaler certaines insinuations de la presse française contre lesquelles il est bon que le public se mette en garde.

A l'issue de la guerre, il parut en France plusieurs écrits exaltant la cause du Nord, dont le succès stimulait leurs auteurs. Cette cause était celle de la justice, de la liberté, et certes, si de pareilles choses doivent se croire sur parole, il n'y a pas à en douter, car Dieu sait qu'on les a assez entendues. De tous ces écrits, le plus remarquable fut celui de M. de Montalembert (1) et j'en dirai quelques mots, parce qu'il contient à peu près tous les genres d'erreurs qui aident à noircir le Sud, et que, par là, il peut servir de type à tout ce qu'on a fait paraître sur le même sujet.

L'expédient généralement employé pour maltraiter le Sud sans scrupule, est de représenter l'esclavage comme la seule cause de la guerre, M. de Montalembert n'y a pas manqué. Et voyez comme il s'en tire : La preuve, dit-il, que l'esclavage et la sécession ne font qu'un, c'est que l'intensité des sentiments sécessionnistes peut être mesurée dans les États du Sud à l'intensité de l'esclavage. Et il cite l'exemple de la Virginie, dont une partie, l'extrême Ouest, presque sans esclaves, avait des tendances nordistes que l'on retrouvait aussi dans un ou deux autres États (2). Voilà qui est fort subtil et qui paraîtra bien trouvé. Mais si l'auteur s'était avisé d'étudier les mêmes localités à un autre point de vue que celui de l'esclavage, il aurait pu découvrir des choses capables d'infirmer singulièrement ses conclusions. Il eût trouvé que dans ces mêmes districts la population était sensiblement moins éclairée, notoirement inférieure en moralité et sur certains points presque nomade et récemment émigrée du Nord; il eût trouvé aussi que dans ces mêmes districts l'intensité des sentiments sudistes suivait la progression de l'éducation et de l'intelligence, en sorte que ce n'était guère que dans les rangs de la classe la moins éclairée qu'il fallait chercher les amis du Nord. Il eût peut-

(1) *La Victoire du Nord aux États-Unis*. Voir *le Correspondant* du 25 mai 1865.
(2) *La Victoire du Nord aux États-Unis*. Édition Dentu, page 61.

être été plus généreux de mettre le lecteur en possession de toutes ces données et de lui laisser décider laquelle était la plus puissante. Il a préféré n'en montrer qu'une qu'il s'est efforcé de présenter sous un aspect favorable à son but. Aussi nous a-t-il paru légitime de mettre le public en garde contre ses conclusions.

Mais puisque l'auteur a choisi cet exemple, il ne sera pas sans intérêt de rapporter un des derniers traits d'une de ces fractions d'État hostiles au Sud. Dans l'East Tennessee (Tennesse de l'Est) les partisans du Nord voyaient d'un œil jaloux les amnisties que le président Johnson accordait de temps à autre à ceux qui avaient pris le parti du Sud. Pour mettre fin à cet état de choses, il fut décidé en justice qu'un homme par un acte d'adhérence au Sud était coupable d'une *double trahison,* l'une envers les États-Unis, l'autre envers son État, et que le pardon du Président, bien qu'absolvant la première offense, demeurait sans effet vis-à-vis de la seconde. Voilà un curieux document pour l'histoire! Quoi! la population du Sud se lève en masse pour défendre les droits de ses États, et la voilà, après coup, déclarée coupable de trahison envers elle-même et ces mêmes États qu'elle voulait garantir? Bien plus, une fraction de l'East-Tennessee adhère au gouvernement fédéral, nie l'indépendance des États; le Président a le droit de les réduire par la force; il peut brûler, dévaster, exterminer, mais s'il pardonne, c'est lui qui empiète à son tour? L'Etat est indépendant et on l'en fait souvenir. Heureux exemple de la bonne foi et des vertus de la fraction nordiste dans le Sud. On ne pouvait mieux choisir, mais il faut avouer que ces gens-là ne font guère d'honneur à leur avocat.

La même brochure crie bien haut contre certaines lois passées dans certains Etats, à certaines époques, interdisant les écoles libres pour les noirs. Ici encore une partie de la question est habilement retenue. L'auteur s'est mépris sur le sens et le but de ces lois et, à le lire, on ferait comme lui. On les dirait des mesures de persécution vis-à-vis du nègre ; elles n'étaient que de précaution contre *l'humanitaire,* le pseudo-philanthrope du Nord. Les pamphlets dont les abolitionnistes ont inondé le Sud, ne laissent pas de doute à cet égard, et le Yankee, ce maître d'école infatigable, n'aspirait qu'à venir *éclairer* la population noire, en lui communiquant un enseignement pratique dans lequel la main aurait moins appris à se servir d'une plume que d'un couteau (1). C'est là qu'il faut chercher la raison

---

(1) Voir l'*Appendice.*

de ces lois votées de temps à autre sous l'empire de la surexcitation
du moment et sous l'impression d'un danger réel ou imaginaire,
mais facile à concevoir. Le moment passé on n'y pensait plus. Cr
ce n'était pas l'instruction qu'on redoutait, mais bien les instructeurs,
et il est incontestable qu'on aurait pu vivre dans le Sud dix ans sans
se douter de l'existence de pareilles lois. Il en est de même dans tous
les pays. En Angleterre, par exemple, et en Écosse, qui fouillerait
dans le Code des lois y ferait des découvertes vraiment surprenantes,
de vieux statuts tombés en désuétude et sur lesquels il serait injuste
de juger ce grand peuple. D'ailleurs c'est plutôt par ses mœurs que
par ses lois qu'il faut juger un peuple. Le vote d'une loi dépend souvent d'une circonstance fortuite, et en outre tout le monde n'y
prend point part. Les mœurs et les usages, au contraire, dépendent
du tempérament uniforme de la société. En Amérique, où il n'y
a ni gendarme, ni sergent de ville, l'exécution des lois dépend, en
dernier ressort, du bon vouloir du peuple, et il arrive tous les
jours que lorsqu'une loi ne répond pas à un besoin constant, mais
qu'elle est l'expression d'une surexcitation momentanée, elle tombe
d'elle-même en oubli, et n'est pas appliquée. Pourtant elle figure
dans les archives. Quel nègre n'a pu apprendre à lire s'il l'a
désiré? Que ceux qui ont vécu dans le Sud répondent. Il suffit
d'avoir vu les petits négrillons partager les jeux des petits blancs sur
un pied d'égalité qui ne faisait pas naître à l'esprit l'idée qui s'attache
d'habitude au mot d'esclavage, il suffit de les avoir vus recevant les
leçons de la mère de famille, leur maîtresse et leur institutrice, pour
comprendre la puérilité de pareilles attaques; je ne crois pas me
tromper en affirmant que la population noire du Sud était plus morale que n'importe quelle population noire du globe. Elle l'était certainement davantage que les populations manufacturières du Nord.
Et cela n'a rien d'étonnant. Car, à défaut des écoles yankees, ils
avaient, ce qui vaut mieux, l'exemple ! L'exemple de la *famille*,
base de l'édifice social dans le Sud, nulle part plus sainte et plus
vénérée. En religion, ils ne manquaient point de moyens d'instruction ; ils avaient leurs églises, et dans les villes, les jeunes personnes
les plus élégantes ne dédaignaient pas d'y aller tenir l'orgue.

L'auteur se sert d'un mot qui appartient par excellence au vocabulaire du philosophe humanitaire de nos jours.—les haras de noirs !
Mais il faut lui passer cela; c'est la vieille erreur répétée. Il n'a pas
compris que le noir, bien traité et bien nourri comme il l'était, et
sous l'influence d'un climat chaud, devait nécessairement se repro-

duire avec la fécondité particulière à cette race. Pour qu'il en fût autrement, il aurait fallu le placer dans de mauvaises conditions ou prendre des mesures sommaires contre cet accroissement, œuvre de la nature, comme cela se fait en Chine, dit-on. Il y a plus, cet accroissement était loin d'être toujours profitable. Dans les États frontières il était même souvent fort nuisible. C'est la meilleure réponse aux insinuations des détracteurs du Sud. Ils n'ont point vu ces familles où la population noire avait augmenté dans une proportion qui rendait son travail improfitable, se gêner pour nourrir ces noirs plutôt que de les vendre. Ils l'eussent vu, que d'autres n'en écriraient pas moins ce qu'ils écrivent. C'est un thème si fécond que celui de l'esclavage ! Il est si commode de représenter le propriétaire de noirs dans sa plantation, le fouet à la main, faisant suer le sang à ses nègres pour féconder son champ ! Et qui calomnie-t-on en traçant ce tableau ? Des gens bien loin d'ici, que personne ne connaît ! Ce n'est pas la peine, pour une considération si mesquine, de perdre l'occasion de faire des phrases sonores, et elle n'arrête personne. Aussi que de pamphlets, que de pièces, que de romans ! Le plus célèbre est *la Case de l'Oncle Tom*, et Dieu (et l'auteur) savent ce qu'il vaut. Derrière la plupart il nous semble voir la sébille du faux aveugle ramassant les gros sous du public. Car le succès est certain, et, de plus, il est si facile. Sans esprit on est pathétique. Pour peu qu'on en ait, on devient aisément sublime. Puis on s'étale en philsophe, on fait parade de ses sentiments humanitaires, on est *philanthrope !* et comme c'est un genre de philanthropie qui ne coûte rien et même qui rapporte, jugez s'il doit être goûté ! Et si par hasard quelqu'un s'avisait de réclamer en faveur de ceux que l'on calomnie, on n'a qu'à crier : *à l'esclavagiste !* pour le faire taire. De cette sorte on effraye les timides, et on peut à son aise réformer le genre humain à son plus grand avantage personnel.

Tout cela ne veut pas dire que l'esclavage soit une bonne chose en soi. Le principe ne se discute plus et pour la meilleure des raisons, c'est qu'il n'est plus dans nos mœurs ; je veux dire dans les mœurs des blancs, car il est bien certainement encore dans celles des noirs, et pour longtemps, peut-être pour toujours. Cela ne veut pas dire non plus que l'esclavage ait été tout profit pour le Sud ; car il a incontestablement retardé son développement industriel ; mais cela veut dire, certainement, que le Sud a été honteusement calomnié, et dans le Nord vilement abusé par des langues malignes, dignes à peine de le louer, dont mille écrivains en Europe se sont fait l'écho complaisant. Cela veut dire que l'esclavage étant imposé à une société, il appartenait à la noble et généreuse race des hommes du Sud d'en faire ce qu'ils en ont fait. A juger les abolitionnistes par leurs actes, il est permis de douter qu'ils se fussent tirés aussi honorablement de la même épreuve.

Le jour n'est pas loin peut-être, où le Nord se repentira d'avoir participé à l'introduction du travail des blancs par l'abolition de l'esclavage. Car si le travail du noir, esclave ou libre, est stationnaire de sa nature, celui du blanc est progressif autant que productif. Et de même qu'il avait chassé le nègre des États du Nord, de même son accroissement naturel tendait à le faire disparaître des États du Sud. Ce n'était qu'une question de temps et le Sud ne pouvait qu'y gagner. Le mouvement constant des nègres des États frontières vers le Sud, à mesure que l'assainissement des terres et le développement de l'industrie invitait le travail des blancs, le prouve assez. Mais combien ce mouvement ne devait-il pas être accéléré par l'abolition de l'esclavage! Le nègre libre perdant son droit à la protection ne pouvait manquer d'être refoulé par le flot sans cesse croissant de la race blanche, plus nombreuse, plus ambitieuse et plus intelligente. A cela, il n'y a pas de remède, et, sous ce rapport, la servitude était sa sauvegarde. Rien n'est absolu ici-bas, pas même en philanthropie. Sans doute l'introduction du travail des blancs dans les États du Sud était retardée et combattue par l'accroissement rapide des noirs; il est donc aisé de comprendre que ces fameux haras étaient loin d'être toujours profitables, et que, dans certaines localités, et notamment dans cette malheureuse Virginie, si calomniée et si merveilleusement adaptée par la nature à l'industrie, il eût été de l'intérêt général, aussi bien que de l'intérêt particulier, d'arrêter cet accroissement loin de le favoriser. Mais la philanthropie des gens du Sud n'a jamais été jusque-là. Nous devons cette rectification à nos ennemis (1).

Dans toutes les discussions de ce genre on se trouve en présence d'une grande difficulté, celle d'ignorer si l'on a affaire à l'aveuglement ou à la mauvaise foi. Dans les deux cas, les arguments ne servent pas à grand'chose, et quand il aura été publié dans vingt libelles que les gens du Sud maltraitaient les nègres et qu'on l'aura nié vingt fois, la question en sera exactement au même point. On ne

____

(1) Voir *la Question américaine,* par le marquis de Lothian. — Paris. Librairie Achille Faure, page 101.

peut guère faire autre chose que précautionner les esprits impartiaux contre la malice des autres, et les avertir de ne pas croire à tout ce qu'on écrit.

Les nègres ont deux sortes d'amis : ceux qui leur font du bien et ceux qui parlent du bien qu'on leur pourrait faire. Les gens du Sud appartiennent incontestablement aux premiers; quant aux seconds, on les trouve partout où il n'y a pas de nègres, et ils détestent cordialement les autres, d'autant plus cordialement que ceux-ci traitent mieux les noirs; car leur rôle se bornant à celui de conseillers, tout le bien qu'on fait aux nègres leur dérobe une partie de leur tâche et les force souvent, bien à regret sans doute, à joindre à leur principal soin, qui est de s'apitoyer sur les souffrances des nègres, celui de les inventer. D'ailleurs l'intérêt ou l'esprit de parti fournissent aisément des matériaux à l'imagination. La question de l'esclavage offre un vaste champ aux amateurs de questions sociales, et il n'est pas étonnant qu'elle soit exploitée par beaucoup d'écrivains, dans le but d'acquérir une notoriété qu'un sujet admettant moins de pathos rendrait plus difficile. Il serait peut-être juste, avant de prononcer sur leurs écrits, qu'on leur demandât de les sceller par des actes et qu'on exigeât que leurs conseils fussent puisés à la grande source de l'expérience; mais je ne veux pas revendiquer ce droit du public à leur égard. Qu'ils demeurent négrophiles s'ils y trouvent leur avantage, rien de mieux; mais qu'ils ne cessent pas pour cela d'être humains; qu'ils ne mêlent pas de haines à leurs sympathies, et qu'ils cessent de s'acharner comme des vers rongeurs à ce grand cadavre de la Confédération du Sud. Qu'ils ne profanent pas les tombes, qu'ils ne vendent pas à leur profit les dépouilles des morts. Ne trouvent-ils pas dans le Nord de quoi exercer leur talent? L'énergie du Yankee, son amour du gain, son habileté, son astuce, son développement rapide, ses immenses richesses, voilà un champ où la plume peut trouver à s'exercer. Mais soit que le tableau soit moins admirable de près que de loin, soit pour tout autre motif, la plupart des écrivains qui parcourent à la hâte les États du Nord afin de pouvoir donner à leurs écrits l'autorité de l'expérience, n'ont que peu de chose à nous apprendre sur ce qui s'y fait, et se bornent ordinairement à entretenir leurs lecteurs des États du Sud, qu'ils n'ont pas vu et qu'ils ne connaissent que par les passions hostiles du Nord. De là les écrits peu édifiants qu'on lit tous les jours. Cela d'ailleurs tient à plusieurs causes. D'abord le voyageur qui visite un endroit pour y puiser des renseignements sur ce qui se fait dans un autre, ne peut manquer d'être trompé si ses hôtes ont intérêt à ce qu'il le soit, surtout s'il est déjà prévenu en leur faveur. Mais il y a un autre motif bien autrement puissant. L'écrivain attitré d'une feuille périodique appartient à un parti, et écrit au point de vue de son parti; il ne faut donc pas attendre de lui ce qu'on attendrait d'un historien, parce que son but est d'écrire l'histoire en servant son parti et qu'il est bien difficile, dans ces conditions, d'examiner une question politique (même surgissant au dehors) sur ses propres mérites, sans y mêler des considérations étrangères. Ce sont même celles-ci qui, le plus souvent, l'emportent et décident les partis sur l'opinion qu'ils doivent avoir. C'est ainsi qu'on voit les mêmes hommes soutenir alternativement le pour et le contre dans les questions reposant sur les mêmes principes, selon les circonstances et les pays; par exemple, plaider la cause des nationalités en Italie ou en Pologne, l'abandonner en Danemark; admirer la séparation des colonies américaines de l'Angleterre, blâmer celle des États du Sud et *vice versa*. Cela tient à ce que les principes mis en avant ne sont généralement pas les véritables mobiles, parce qu'au fond de tous les partis, il y a quelques idées favorites et dont l'influence est toute-puissante, mais tient en général à rester secrète; réticence qui ne peut manquer de produire des contradictions. Il ne serait sans doute pas difficile de montrer dans chaque cas particulier quelle est la raison secrète de tel ou tel parti pour se contredire en apparence, mais cette étude m'importe peu. Chacun peut la faire pour soi en se rappelant que les vrais motifs se trouvent moins dans l'application du raisonnement à telle ou telle circonstance que dans l'impulsion du sentiment, c'est-à-dire des haines ou des affections qui ne raisonnent pas; et il en est de même des écrits, où il importe moins d'éclairer l'opinion publique que de la diriger selon une opinion particulière. Tout cela est fort naturel et comme ces défauts tiennent à la faiblesse de la nature humaine, il serait absurde de chercher à les corriger ou de s'en plaindre. Je n'en fais mention que pour mettre le public en garde contre tout ce qui s'écrit sur les États du Sud. Une fois averti, avant de puiser ses opinions dans telle ou telle feuille, il se rappellera ses tendances particulières, et s'il accepte ce qu'il y a de favorable aux États du Nord, il recevra sous toutes réserves les attaques contre les États du Sud; et ainsi prévenu, les invectives que la passion et la malveillance débitent tous les jours contre un grand et malheureux peuple, porteront avec elles leur propre bouclier.

Le nombre en est grand, car le malheur attire l'invective. De savoir le Sud vaincu rend la tentation forte de s'illustrer à son détriment ; mais de le croire sans défenseurs la rend irrésistible. Le dénigrement aveugle et systématique d'une portion de la presse française s'exerce donc d'autant plus largement, qu'il se sent en pleine sécurité. Cela se comprendrait encore de la part des radicaux du Nord ; mais le spectacle qu'offrent leurs partisans en Europe est un des plus mesquins qui se puisse voir. Quoi de plus triste que ces écrivains avides de trouver dans l'attaque d'un adversaire qui n'est pas le leur et qui est sans défense une occasion certaine de satisfaire leur gloriole d'un jour, et qui élèvent leur petit tréteau sur le deuil et les souffrances de tout un peuple ?

Il y a mille moyens de capter le public, et il n'est pas toujours nécessaire d'avoir recours au mensonge grossier ou à l'injure sonore pour réussir à l'induire en erreur. Il suffit, en lui présentant des faits incontestables, de le mettre habilement sur la voie de conséquences erronées qu'il sera pour ainsi dire forcé de tirer. Pour en citer un exemple, on trouve dans *la Revue des Deux-Mondes* (1) l'annonce suivante, tirée d'un journal de l'Alabama (*le Selma dispatch*), qui doit, ajoute l'auteur, jeter quelque lumière sur les vrais sentiments du Sud :

Un million de dollars pour avoir la paix le 1ᵉʳ mars.

« Si les citoyens de la Confédération du Sud veulent me fournir
« en espèces ou en bonnes sécurités la somme de un million de dol-
« lars, je ferai en sorte que la vie d'Abraham Lincoln, celle de
« W.-H. Seward et celle d'Andrew Johnson soient prises avant le
« 1ᵉʳ mars de l'année prochaine. Cela nous rendra la paix et mon-
« trera au monde que les tyrans ne peuvent vivre dans un pays de
« liberté. Si ce but n'est pas atteint, rien ne sera demandé que la
« somme de 50,000 dollars d'avance, que nous supposons nécessaire
« pour atteindre et tuer les trois coquins. Je donnerai moi-même
« mille dollars pour cette entreprise patriotique. Tout souscripteur
« pourra adresser sa contribution boîte X, poste restante, Cahaba
« Albama. »

L'annonce était datée du 1ᵉʳ décembre 1864.

Voilà certainement de quoi ébranler les sympathies les plus sudistes. Cette annonce, cette souscription publique, cet assassinat arrivant presque à point nommé présentent un concours de circons-

(1) 1ᵉʳ avril 1866. *Huit mois en Amérique*, par M. Duvergier de Hauranne, page 615.

tances suffisant pour jeter sur le Sud un jour odieux. Les timides hésiteront, les faibles condamneront, et pour peu qu'on ait quelque sympathie avec la partie adverse il n'en faudra pas davantage pour convaincre le Sud sans jury, d'avoir trempé dans l'assassinat de Lincoln et pour démontrer clairement qu'il est la conséquence de cette souscription. La conclusion en est pour ainsi dire forcée. Un lecteur ne peut apporter l'attention d'un juge d'instruction et on ne saurait attendre de lui une étude. Son opinion doit se former sur les conséquences immédiates de ce qu'il lit. Mais un observateur plus studieux que ne peut l'être un simple abonné, trouvera dans tout ceci matière à réflexion. Avant d'admettre la corrélation de la souscription avec l'assassinat, il remarquera qu'il serait important de savoir si elle a été couverte en tout ou en partie, sur quoi l'auteur de l'article est muet, et pour cause. De plus, il ne pourra manquer d'observer qu'il n'était guère probable qu'un complot conduit avec aussi peu de mystère pût mener à un résultat. Ces simples considérations tendront à amoindrir l'importance du document précité et feront naître des doutes que l'historique suivant suffira pour éclaircir.

Un homme dont je tairai le nom, quoiqu'il soit seul responsable, parce que les événements l'ont assez puni de sa folie, inspiré par de copieuses libations, imagina un jour l'intéressant « document » que la *Revue des Deux-Mondes* offre à ses lecteurs pour les éclairer sur les véritables sentiments du Sud. Inutile d'ajouter qu'il n'avait pas de collaborateurs. Les extravagances de tout genre qu'engendre le fatal abus des spiritueux sont malheureusement trop fréquents aux États-Unis pour qu'il soit besoin de citer celle-là afin d'en produire un exemple. Tout le monde connaît ces scènes de « bar-room, » où les discussions politiques qui y forment le fond de la conversation finissent souvent par demander leurs arguments au « revolver » ou au « bohic-knife. » Dans le cas qui nous occupe le dénouement a été l'annonce qu'on a lue. Elle fut publiée et parut dans le « *Selma Dispatch,* » en l'absence et à l'insu de l'éditeur (1) du journal. Ceux qui en connaissaient l'origine, *inter pocula*, n'eurent pas lieu d'en être fort surpris ; les autres la regardèrent comme une plaisanterie de fort mauvais goût que des événements inattendus ont rendue depuis plus imprudente qu'elle ne pouvait le paraître à première vue, alors que l'auteur ne possédait pas, au su de toute la communauté

---

(1) *Editor*. Il est en général propriétaire et rédacteur en chef du journal.

mille piastres vaillant ; bien qu'il se portât pour cette somme en tête de sa liste, toutes deux également imaginaires. L'ivresse a ses illusions et peut-être avait-elle changé les sous en ducats dans l'imagination du pauvre diable ; peut-être aussi avait-elle augmenté son importance à ses propres yeux au point de lui faire croire que l'acte de vaine forfanterie auquel il s'abandonnait, pourrait frapper de terreur les ennemis du Sud. A cet égard la spéculation peut s'exercer d'autant plus librement qu'il serait sans doute impossible au coupable lui-même de retracer aujourd'hui le cours de ses pensées et la nature de ses impressions. Quoi qu'il en soit, lorsque le réveil arriva, c'est-à-dire le lendemain, l'auteur envisageant sans doute les conséquences possibles de son extravagance, retira lui-même son annonce, et cet épisode grossier passa en laissant aussi peu de traces derrière lui qu'il avait attiré d'attention sur son passage.

Ce serait presque insulter les braves citoyens de Selma que de les justifier de complicité dans cette affaire. Ainsi que tous leurs compatriotes, ils ont défendu avec des armes loyales une cause qu'ils n'ont pas cessé de considérer comme juste, et ils auraient rougi comme eux de confier son succès au couteau d'un assassin. Mais la malveillance est si assidue, que je crois de mon devoir de mentionner ici que la fameuse souscription ne reçut jamais un centime. Il n'est que justice d'ajouter que son fondateur ne fit jamais aucun effort pour la faire couvrir, et son succès fut bien négatif et éphémère, puisque le malheureux ne retrouva même plus le lendemain les 1,000 dollars qu'il avait souscrits la veille.

Voilà l'histoire du document important au moyen duquel la *Revue des Deux-Mondes* cherche à « éclairer » l'opinion : une souscription sans souscripteurs ; une feuille de papier blanc sur laquelle, « *exit ridiculus mus,* » un aviné inscrit une somme qu'il ne possédait pas !

Cet épisode peut, en effet, servir à « éclairer sur les véritables sentiments du Sud, » mais non pas sans doute au gré de l'auteur.

Dans le même article, et à la même page, l'auteur n'a pas craint d'affirmer la complicité des chefs du gouvernement de Richmond avec l'assassin. Mais ici la défense se sent bien à l'aise. C'est une vieille calomnie sans couleur et il suffit de la signaler ; c'est même une calomnie depuis longtemps abandonnée dans les États du Nord et dont la *Revue des Deux-Mondes* se fait le tardif écho. Dorénavant ce ne pourra même plus être une calomnie. Car les faux témoins ont enfin parlé ! Ils ont fait leurs révélations ; elles ont été publiées, et comme on devait s'y attendre, on n'a trouvé au fond qu'un amas de mensonges payés par les honnêtes Radicaux.

Nous n'aurions jamais fini si nous voulions relever toutes les inexactitudes des documents de ce genre. Pendant la guerre, le Nord seul était accessible aux écrivains et aux touristes, et le public n'a eu trop souvent, pour former son opinion, que des bribes de médisances et de calomnies balayées dans le ruisseau des villes du Nord et ramassées dans ses carrefours. Nous n'avons cité l'annonce de Selma, que pour montrer comment la vérité même, peut, dans l'occasion, servir d'instrument à l'erreur. Le tout consiste dans le talent de la présenter, et c'est un moyen de déception d'autant plus dangereux, que celui qui en use peut toujours se retrancher dans une position inattaquable ; car il ne fait que présenter des faits au public : c'est à celui-ci de conclure ; c'est sur lui que doit retomber la responsabilité de l'erreur.

Pour terminer ce sujet, je vais montrer par un exemple comment certains esprits éminents savent s'affranchir des liens de parti, quand ils empiètent sur les droits du libre examen, et comment ils apportent dans les discussions, non des vues collectives, nécessairement subordonnées aux circonstances, mais les arguments qui procèdent du raisonnement individuel, qui seul recherche la vérité sans conditions comme sans alliage. Je veux parler d'un écrivain célèbre récemment enlevé dans toute la force de son talent, de P.-J. Proudhon. Certes, si un homme appartenait par ses antécédents au parti politique qui s'est montré notoirement favorable au Nord dans la question d'Amérique, c'était bien lui. Pourtant sur ce point, répudiant les inconséquences du parti avec lequel il sympathisait sur tant d'autres, il n'a pas craint d'appuyer la cause du Sud de l'autorité de sa plume et de sa pensée ; ce qu'il a fait ainsi qu'il suit (1) :

« En 1846, lorsque la Confédération suisse fut au moment de se
« dissoudre par la sécession des cantons catholiques (Sunderbund),
« la majorité n'hésita point, pour ramener les scissionnaires, à
« employer la voie des armes. Elle n'agit point alors, quoi qu'on ait
« dit, en vertu du droit fédéral, qui était positivement contre elle.
« Comment les treize cantons protestants, tous souverains, auraient-
« ils prouvé aux onze cantons catholiques, tous également souve-

<hr>

(1) *De la Capacité politique des Classes ouvrières*, par P.-J. Proudhon. Paris, Dentu, 1865, page 196.

« rains, qu'ils avaient le droit, en vertu du pacte, de les contraindre
« à l'Union dont ceux-ci ne voulaient plus ? Le mot de fédération
« jure contre une prétention pareille. La majorité helvétique agit en
« vertu du droit de conservation naturelle ; elle considéra que la
« Suisse, placée entre deux grands États unitaires, ne pouvait, sans
« un extrême péril, admettre une Confédération nouvelle plus ou
« moins hostile ; et en cédant à la nécessité, en appuyant son droit
« sur l'argument de la force, elle affirme, au nom et sous les insi-
« gnes de sa Confédération prétendue, la prééminence du principe
« d'unité. — A l'heure où j'écris, et certes avec une bien *moindre*
« *excuse* que les libéraux suisses de 1846, puisque la liberté améri-
« caine ne court aucun risque, les États-Unis du Nord prétendent
« aussi retenir dans l'Union, par la force, les États du Sud, les ap-
« pelant *traîtres* et *rebelles,* ni plus ni moins que si l'ancienne Union
« était une monarchie et M. Lincoln un empereur. Il est clair ce-
« pendant que de deux choses l'une : ou le mot de confédération a
« un sens par lequel les fondateurs de l'Union ont voulu la distin-
« guer nettement de tout autre système politique ; dans ce cas, et
« abstraction faite de la question d'esclavage, la guerre faite au Sud
« par le Nord est injuste ; ou bien, sous apparence de confédération,
« et en attendant l'heure favorable, l'on a poursuivi secrètement la
« formation d'un grand empire ; dans ce cas, les Américains feront
« bien de rayer à l'avenir de leurs plateformes les mots de liberté
« politique, de république, de démocratie, de confédération et même
« d'Union. Déjà l'on commence à nier, de l'autre côté de l'Atlantique,
« le droit des États, ce qui signifie le principe fédératif, signe non
« équivoque de la prochaine transformation de l'Union. Ce qui est
« plus étrange encore, c'est que la démocratie européenne applaudit
« à cette exécution, comme si ce n'était pas *l'abjuration de son*
« *principe* et la ruine de ses espérances (1). »

La source de toutes les erreurs est la persistance de certains esprits

---

(1) M. de Montalembert trouve que le Sunderbund a été lâchement écrasé
(page 84 de la brochure déjà citée) et que la Confédération des États du Sud
a été justement écrasée. De contradiction entre ces deux assertions il n'en
voit point. Le seul moyen de sonder l'abîme de son argumentation est de la
résumer dans le syllogisme suivant :

Le « Sunderbund » était catholique,
Or le « Sud » avait des esclaves,
Donc le « Nord » avait raison et les cantons protestants avaient tort.

à ne voir d'autre motif à la séparation du Sud que le désir de perpétuer l'esclavage, et dans le but du Nord, que la pensée de l'abolir. C'est la conclusion qui ressort de la brochure déjà citée, comme des articles périodiques d'une partie de la presse française. Cette opinion erronée montre que ses partisans ont étudié avec peu de soin les questions multiples qui se rattachent à la dernière guerre d'Amérique, et qu'entraînés par leurs sympathies et par leurs haines, ils ont confondu la cause avec l'occasion. Si l'esclavage a servi de prétexte à l'esprit de domination des États du Nord, s'il a servi à mettre en relief leurs injustices, leurs empiètements incessants, leur manque complet d'égards, pour ne pas parler d'affection envers leurs concitoyens du Sud; s'il a montré leur mépris souverain pour le pacte fédéral, couronné par l'élection du candidat d'un parti qui proclamait hautement dans ses paroles et par ses actes sa désobéissance à la Constitution, il ne faut pas en conclure que le désir de le perpétuer fut le motif de la lutte. Ce n'était même pas le besoin momentané de le maintenir, puisque l'administration de Lincoln, à son début, ne le menaçait pas. Il y a plus. Ce besoin de prolonger l'existence de l'esclavage qui existait dans la vieille Union, disparaissait avec l'indépendance du Sud. Car s'il est une chose bien démontrée par l'histoire des États-Unis, c'est que l'Union a été la cause de la perpétuation de l'esclavage. L'Union ne dégénérant pas en domination d'une section sur l'autre, était forcée de le maintenir; car sans la représentation basée sur l'esclave, l'infériorité numérique du Sud détruisait tout équilibre politique. Voilà comment l'Union imposait l'esclavage aux États du Sud. Mais leur indépendance une fois établie, l'esclavage cessant d'être une question *politique*, devait retomber sous l'empire des lois sociales qui tendent partout à le faire disparaître, tant au point de vue des exigences de la civilisation moderne qu'en raison des besoins de la race blanche, auxquels le travail libre des blancs est bien plus profitable. Aussi, en dépit de l'intérêt politique, voyait-on chaque jour l'industrie des blancs empiéter sur celle des nègres, surtout l'industrie mécanique à laquelle le nègre est mal adapté; empiètement dont l'Union et les causes que nous avons signalées retardaient le progrès; et on pouvait entrevoir le jour où la race noire, refoulée par le courant de la race blanche, que l'indépendance du Sud devait augmenter dans une immense proportion, se serait disséminée dans les lieux retirés où la culture n'avait pas encore pénétré, d'où, chassée peu à peu, elle aurait, comme les Indiens, fini par disparaître.

Cette conséquence forcée n'échappait pas aux gens tant soit peu clarvoyants, et, sauf quelques considérations politiques, elle était vue d'un œil favorable comme devant donner au Sud le développement industriel et commercial que le Nord avait déjà acquis. En outre, le temps eût fourni à la question embarrassante de l'esclavage une solution plus humaine et plus douce, surtout pour le nègre, que celle que la guerre a engendrée ; car c'est par centaines de mille qu'il faut compter le nombre des noirs qu'elle a fait disparaître. De plus, la condition actuelle du pays et la leur, qui rendent impossibles les soins d'autrefois ; les maladies qui en sont la conséquence ; l'antagonisme naturel des deux races, que le Congrès et le bureau des affranchis saisissent chaque occasion de réveiller et d'entretenir ; les luttes qu'il amène et dans lesquelles les noirs ont naturellement toujours le dessous ; toutes ces causes déciment leurs rangs d'une manière cruelle et préparent le jour où l'œuvre de bienfaisance du Yankee sera consommée par l'extinction de la race noire. Les Américains, dont l'esprit est pratique, n'ignorent pas qu'il est illusoire d'espérer que les deux races vivent à côté l'une de l'autre en nombres à peu près égaux et sur le pied d'une égalité absolue. Ils savent fort bien que, dans de telles conditions, il faudra que l'une des deux s'efface devant l'autre. Les radicaux cachent peu leur désir de résoudre l'alternative en faveur du nègre ; et c'est ce que fait virtuellement le « bill des droits civils, qui, sous prétexte d'abolir toute distinction basée sur la couleur, met le nègre en dehors et au-dessus de la loi, dans les États du Sud seulement bien entendu. La haine pour le Sud et le désir d'annihiler son influence politique se manifestent trop clairement dans les dispositions de cette loi pour qu'il soit nécessaire de nous y arrêter (1). Remarquons seulement comment, de conséquence en conséquence, la politique de la force a amené ce triste résultat. Les pertes matérielles pour le Nord qu'entraînait la séparation du Sud le décidèrent à s'y opposer par les armes. Cela est dans l'ordre des choses humaines. Il serait vain d'exiger d'un peuple qu'il sacrifiât ses intérêts au droit d'autrui ou même à ses propres principes ; seulement, au lieu de laisser paraître la vraie raison, qui était une simple question d'argent, les partisans de la guerre

____

(1) Voir la réponse du président Johnson à la délégation de la Convention de Philadelphie, août 1866. Selon lui, le « bill des droits civils « et celui du « bureau des affranchis, » qui mettaient à la disposition du président toute la force armée et 50 ou 60 millions de dollars, étaient les instruments les plus commodes de *dictature* pour celui qui eût voulu en faire usage.

mirent en avant, avec une hypocrisie qui leur a été fort utile, la question politique de l'Union, ou, selon le langage du jour, de l'unité américaine, et la question sociale de l'esclavage. L'injustice engendre l'injustice, comme l'erreur engendre l'erreur : *abyssus abyssum invocat !* Et ils en sont arrivés à étouffer la liberté civile et individuelle dans les États du Sud. Ils sont descendus aux lois spéciales, aux tribunaux militaires (1); ils en sont venus à s'opposer au rétablissement de l'Union fédérale qu'ils prétendaient protéger !

Il était impossible de mêler la question de l'esclavage à celle de la séparation des États sans être entraîné dans l'injustice ou l'erreur. Les écrits que nous combattons nous en offrent un exemple frappant. Tous défendent le Nord au point de vue de l'abolition de l'esclavage. Mais qu'en résulte-t-il ? C'est que la guerre contre l'esclavage est une guerre sainte ; une sorte de croisade dans laquelle le fer punit le péché, ou, selon la phraséologie des fanatiques de tous les âges, accomplit les desseins de la Providence. On ne peut éviter cette conséquence si l'on admet que le Nord faisait la guerre pour extirper l'esclavage des États du Sud et qu'il avait raison de la faire. Il est donc permis de prendre les armes pour abolir l'esclavage, et les calamités qui en résultent ne sont pas imputables aux champions de la cause sainte. Cela peut paraître cruel, mais c'est logiquement déduit des prémisses, et il vaut mieux encore être cruel et logique, que de cesser d'être logique sans pour cela cesser d'être cruel. Pourtant il est à remarquer que les auteurs qui se sont le plus acharnés contre la confédération des États du Sud (surtout depuis

(1) En Amérique, la loi prévoyant les abus avait pris mille précautions contre les sentences des tribunaux militaires; précautions que les passions politiques ont rendues illusoires. Les cas dans lesquels un tribunal militaire, ou conseil de guerre, pouvait prononcer la peine capitale, étaient définis avec le plus grand soin par le Code militaire. Un soldat coupable d'assassinat sur la personne de son supérieur ne pouvait pas être condamné à mort par un conseil de guerre, à moins que le supérieur n'eût été au moment même dans l'exercice de ses fonctions et que l'attentat ne provînt d'un acte d'insubordination. Dans tous les autres cas, le coupable était livré aux autorités civiles. On voit donc qu'abstraction faite des faux témoins et des mensonges de tout genre, qui ont fait du jugement de Madame Surratt et d'autres, une farce ignoble, la simple comparution devant un conseil de guerre de personnages en dehors de l'armée, était un fait monstrueux d'après les lois et les mœurs américaines. Et quand même ils eussent appartenu à l'armée, le conseil de guerre eût été incompétent. C'est ainsi que chez les honnêtes radicaux et dans leurs honnêtes tribunaux se manifeste l'amour de la liberté, de la justice et du maintien des lois. — Avis à leurs défenseurs !

sa chute), ont généralement reculé devant cette conséquence forcée de leur principe. Ils n'ont pas osé affirmer le droit de détruire l'esclavage par les armes, et après avoir cherché à établir, au moyen des raisonnements les plus subtils, que le Nord faisait la guerre contre l'esclavage (ce que les faits démentent de la manière la plus évidente), ils se sont crus obligés d'ajouter que le Sud n'avait pas « l'ombre d'un prétexte » pour sortir de l'Union (1). Mais quoi ! lorsqu'une cause est aussi pieuse que l'était cette sainte croisade contre le péché, quand on invoque à son appui l'autorité de la Bible, est-il besoin de chercher d'autres raisons ? Et comment n'ont-ils pas vu qu'ils invalidaient par là toute leur argumentation ? Car si le Nord faisait la guerre à l'esclavage et s'il avait le droit de porter le fer et le feu dans les États du Sud pour les purger de ce péché, pourquoi ne pas oser affirmer ce droit ? Mais si le Nord n'était justifiable qu'en ce que le Sud n'avait pas le droit de quitter l'Union, il avait donc tort de faire la guerre, puisque, d'après eux, il la faisait contre l'esclavage !

On est ainsi amené à reconnaître qu'un peuple où l'esclavage est encore en vigueur n'est pas dans le droit commun ; qu'il peut être mis hors la loi, et qu'il n'est pas besoin d'autre raison pour le livrer au pillage. Et les conséquences en sont fort étendues. Car, ce droit reconnu, rien ne saurait empêcher nos *croisés* d'une nouvelle espèce d'aller détruire l'esclavage partout où il existe. Il serait vraiment absurde, et cela n'est pas soutenable, de proclamer le droit d'abolir l'esclavage par les armes sous une latitude, et de le nier sous une autre ; de sorte qu'en vertu du même principe, les nations qui se sont purgées de l'esclavage pourraient se coaliser contre celles où il subsiste encore, l'Espagne d'abord, le Brésil ensuite, puis porter leurs armes victorieuses parmi les populations indigènes de l'Afrique, ce berceau de la servitude. Mais ici comme les individus sont tour à tour maîtres et esclaves, il n'y aurait d'autre moyen d'en finir que de tout massacrer, et l'abolition définitive de la servitude des noirs se trouverait consommée par l'extermination de leur race.

C'est à cette solution essentiellement pratique, que le radical d'Amérique marche à grands pas.

Quant à ceux qui repoussent ces conclusions, ils doivent se borner, s'ils tiennent à justifier le Nord, à affirmer que le Sud n'avait pas le droit de sortir de l'Union et que la guerre a été faite indépendam-

(1) Voir la *Victoire du Nord aux États-Unis,* par M. de Montalembert, p. 84.

ment de la question de l'esclavage. Mais nos adversaires ne peuvent se résoudre à séparer ces deux questions. Il leur serait trop pénible d'avouer que le Nord aurait sacrifié l'abolition de l'esclavage au rétablissement de l'Union s'il eût pu. Ils ont donc tâché de concilier, en apparence, les faits avec leur désir, et tout en montrant de leur mieux que le Nord cherchait à abolir l'esclavage, ils ajoutaient qu'il avait le droit de faire la guerre pour maintenir l'Union. Ils espéraient par là échapper aux conséquences barbares qu'entraîne la concession du droit de guerre contre l'esclavage, et en même temps dissimuler qu'il pût y avoir dans la conduite du Nord d'autres motifs que celui-là. Par ce moyen ils réussissaient à mettre le procédé des partisans de la guerre sous un jour très-brillant, et à faire passer leur cause pour celle de l'humanité, en même temps qu'ils trouvaient l'occasion de se servir eux-mêmes, en s'en proclamant les champions, dans des écrits qui, pour les uns, étaient un moyen d'acquérir de la notoriété, pour les autres d'étendre une notoriété déjà acquise. Car, il faut bien le voir; au fond c'était leurs propres théories, c'était eux-mêmes qu'ils encensaient dans la personnalité abstraite du gouvernement fédéral. Et ayant préparé, ainsi qu'il a été expliqué, leur double argumentation, afin d'adapter la conduite du Nord à leurs propres idées, ils avaient réponse à tout. A ceux qui partageaient leur haine pour un pays à esclaves, ils disaient : « Le Nord fait la guerre à l'esclavage. » A ceux qui, tout en désirant voir finir cet état de choses, étaient pourtant opposés à l'emploi de pareils moyens, ils disaient : « Le Nord a le droit d'empêcher la rupture de l'Union. » Ils en avaient ainsi pour tous les goûts. Mais cet édifice subtil péchait en ce que leur théorie sur l'intégrité de l'Union se bornait à une espèce d'aphorisme politique, tandis que leur argumentation était basée tout entière sur l'esclavage, leur thème favori, auquel ils revenaient tout naturellement ; en sorte que pour les gens tant soit peu clairvoyants, il était manifeste que le Sud n'avait pas le *droit* de sortir de l'Union, uniquement *parce qu'il avait encore des esclaves.*

Et en cela on voit qu'ils suivaient moins leur raison que leur sentiment ; car il est évident, que le droit de sortir de l'Union, qu'il existât ou qu'il n'existât pas, était indépendant des institutions locales des États, et par conséquent aussi de l'esclavage ; de sorte que c'était infirmer d'avance la valeur de ses arguments que de vouloir tirer parti d'une des questions pour établir quoi que ce soit concernant l'autre. Aussi a-t-on vu à quels échappatoires ils ont été réduits, qu'ils ont acceptés pourtant plutôt que d'avouer qu'un peuple peut avoir raison avant d'avoir aboli l'esclavage.

Un tel système d'argumentation, en ce qu'il flatte les passions, a toujours été de mode ; et celui-ci, en particulier, rappelle la morale des casuistes d'Escobar qui permettait d'accomplir un acte condamnable en dirigeant son intention vers un autre qui fût permis. C'est ce qui ressort d'un des écrits déjà cités. Il représente l'esclavage comme étant la cause de la guerre. Or, le droit de « croisade » contre l'esclavage n'est pas affirmé. Cela pourrait paraître condamnable. C'est ici qu'il faut diriger son intention sur le maintien légal de l'Union ; ou autrement on fait la guerre pour rétablir ''Union avec une direction secrète d'intention vers l'abolition de l'esclavage ; car le beau de cette morale est qu'on peut l'arranger comme on veut.

Il n'est pas difficile d'imaginer des circonstances où les théories des défenseurs du Nord eussent été forcées de se modifier ; comme, par exemple, si l'esclavage n'eût pas existé dans le Sud ; s'il eût, au contraire, existé dans le Nord ? Auraient-ils alors osé nier le droit de séparation ? L'auraient-ils osé si les États-Unis eussent été une monarchie et que les États du Sud s'en fussent séparés pour fonder une république ? Toutes ces hypothèses, qui mettent en évidence le fond de la question dégagé de considérations accessoires, montrent que les partisans du Nord, chez nous, ont pris sa défense bien plus au point de vue des exigences momentanées de tel ou tel parti, qu'au point de vue de la liberté. Et ces exigences, se modifiant selon les cas, doivent amener un changement correspondant dans les opinions ou les maximes de ceux qui les servent ; en sorte que, avec eux la justice ne dépend que de l'occasion.

Pour en finir, nous poserons à nos adversaires la question suivante :

Admettant que le Nord eût cédé aux tendances du parti abolitionniste extrême (1), et se fût de lui-même retiré de l'Union, pour se soustraire à tout pacte avec l'esclavage, l'eussent-ils approuvé, oui ou non ?

De deux choses l'une, il faut qu'ils approuvent ou qu'ils condamnent !

Or, s'ils approuvent, ils sont en contradiction avec eux-mêmes, puisqu'ils admettent le droit de séparation.

(1) On sait que ce parti brûlait tous les ans la Constitution en place publique, qu'il considérait, à cause de l'esclavage, comme l'œuvre du démon ; Wendell Phillips, un de ses chefs soutint la sécession pour la même cause.

Mais s'ils condamnent, ils sont encore en contradiction avec eux-mêmes, puisqu'ils imposent l'esclavage.

Voilà l'alternative qu'ils se sont créée, et c'est ce qui ne peut manquer d'arriver à ceux qui se laissent séduire par des théories que l'imagination peut revêtir de fort brillantes couleurs, mais dont l'application ne se peut dégager de mille injustices; et dans lesquelles s'isolant, pour ainsi dire, ils perdent de plus en plus le sentiment de l'équité, et la vanité aidant, s'aveuglent au point de vouloir rendre la raison responsable de leurs extravagances, et la Providence complice de leurs cruautés.

Que ne lui a-t-on attribué à cette Providence qui n'en peut mais? Que ne lui a-t-on jeté à la face? Que de sang répandu pour elle! Que de crimes commis en son nom!

Tantum Religio potuit suadere malorum !

« O Providence! » s'écrie M. de Montalembert dans un accès de puéril enthousiasme, « généreuse, lumineuse et ingénieuse Providence (1)! C'est un régiment nègre qui entre le premier dans la capitale des insurgés, dans ce Richmond si longtemps imprenable. » Or, si M. de Montalembert connaissait mieux les Yankees, et leur forfanterie naturelle, sans chercher d'autre motif, il pénètrerait aisément les secrets de cette Providence-là !

L'avantage des partisans du Sud dans la discussion consiste en ce que leur cause étant fondée sur ce qu'ils considèrent comme un droit commun à tous les peuples, les arguments avec lesquels ils l'appuient sont indépendants de tout esprit de parti, du temps et des circonstances. Leurs adversaires professent ostensiblement les mêmes principes, mais en cette circonstance, ils les ont répudiés, encore qu'ils s'en défendent, les uns par intérêt matériel, les autres par esprit de parti, ceux-ci pour le succès, ceux-là à cause de l'esclavage. En agissant ainsi, ils ont subordonné leurs opinions et leurs principes aux exigences du jour. Pour lesS udistes, au contraire, les circonstances ne sont rien. Ainsi, que le Sud et le Nord aient ou non l'esclavage, que le Nord soit une république ou une monarchie, que le Sud ou le Nord quittent l'Union pour fonder monarchie ou république, leurs principes sont les mêmes, parce qu'ils mettent la vérité au-dessus de l'esprit de parti, et la liberté, comme le droit, au-dessus de toute forme de gouvernement.

(1) *La Victoire du Nord aux États-Unis,* page 76.

Il est un fait qui se rattache à la dernière page de l'esclavage aux États-Unis, et qui peut servir de mesure à la pensée dominante du Sud dans leur guerre d'indépendance. Lorsque Lincoln menaça d'abord d'abolir l'esclavage, puis l'abolit par une proclamation dans les États faussement appelés rebelles *seulement*, cette mesure à deux fins fut reçue dans les États confédérés avec tout le dédain qu'elle méritait. Lui-même eut occasion de voir, peu après, qu'un tel acte était une double faute, en ce qu'il était inconstitutionnel et de plus inutile, puisqu'il n'abolissait l'esclavage que dans les États où portions d'États sur lesquels l'administration fédérale n'avait aucun contrôle, et qu'il le maintenait au contraire là où elle avait le pouvoir de l'abolir ; il sentit donc le besoin de donner une autre forme à un procédé qui par son évidente duplicité et son inefficacité absolue mécontentait tous les partis ; et s'étant assuré du concours du Congrès, il fit passer aux deux tiers des voix un amendement à la Constitution qui affranchissait les esclaves dans toute l'étendue du pays. Or, pour que cet amendement eût force de loi, il fallait, aux termes de la Constitution, qu'il fût ratifié par un vote populaire dans les trois quarts des États. Cela paraissait facile, car les États intéressés étant remplacés pour la plupart par des *portions* d'États conquises, dans lesquelles une population, en grande partie étrangère, était appelée à voter sosu le contrôle des gouverneurs et officiers fédéraux, on ne doutait pas qu'il ne fût possible d'abolir l'esclavage, par un vote préalable, pour le jour ou les États du Sud seraient ramenés dans l'Union. C'est au moyen de cette petite supercherie que Lincoln espérait satisfaire aux clameurs de son parti. Mais l'événement trompa son attente. Trois États du Nord refusèrent de ratifier l'amendement, de sorte que l'administration fédérale n'ayant jamais eu le pouvoir d'abolir l'esclavage, n'en put même obtenir le droit. Ce résultat inattendu mit fin à la petite comédie politique qu'on avait essayé de jouer.

Les choses en étaient là, lorsque le Sud mit bas les armes. La question de l'abolition fut naturellement remise sur le tapis, et pour lui donner une apparence de constitutionnalité, on songea à faire ratifier le défunt amendement cette fois par les États du Sud. On aurait pu s'attendre à quelques difficultés ; mais il n'en fut rien. Tous les États du Sud acceptèrent la clause abolissant l'esclavage, excepté *un*, le Mississipi, et il motiva son refus sur ce que le gouvernement fédéral se réservait de veiller sur la situation qui serait faite aux affranchis et s'immiscait par là au gouvernement municipal des

États. C'est là le dernier cri que le Sud écrasé par le nombre jetait en défense de la cause à laquelle il avait donné son sang. Les autres États sachant la protestation inutile, crurent sans doute inopportun d'y recourir, mais il est bon de remarquer comment cette question de « state-rights » (droits des États) est revenue une dernière fois à propos de celle de l'esclavage. Et cela tient à ce que malgré les efforts de nos adversaires pour dénaturer les motifs du Sud, la première était la vraie cause de la guerre ; la seconde n'en était que l'occasion, en ce qu'elle avait servi à montrer l'esprit de haine et d'injustice d'un parti puissant dans le Nord. Lors donc que l'instrument de ce parti, Lincoln, obtint la majorité dans le Nord, bien qu'au Sud il n'eût pas une seule voix, les États du Sud voyant arriver à la présidence le candidat d'un parti qui avait affirmé publiquement son intention de désobéir à la Constitution, résolurent de rompre ouvertement le pacte fédéral que leurs ennemis avaient déjà dénaturé, et qu'ils ne respectaient que dans la limite de leurs intérêts (1). Car ils savaient bien que le parti que servait Lincoln n'aspirait qu'à dominer le Sud et à lui enlever ses libertés tout en le maintenant dans l'Union, ce à quoi l'esclavage servait de prétexte. En un mot, ce qu'ils ont fait après la guerre, ils espéraient le faire pendant la paix, ce qui eût été pour eux plus commode et moins coûteux. La malveillance seule peut chercher à dissimuler ce fait, comme l'aveuglement peut seul refuser de l'admettre. Toutes les lois exceptionnelles qu'on a vues depuis la chute de la confédération, couronnées par le « bill des droits civils » étaient fatalement destinées au Sud du moment que l'ère du parti dit abolitionniste était inaugurée (2). Sans doute, le Sud avant d'avoir été vaincu ne se serait pas soumis à une pareille tyrannie ; et sa résistance eût amené la lutte. Il ne s'agissait pour lui que de choisir entre deux partis : ou d'attendre que l'administration fédérale, ayant préparé sa conquête, ne craignît plus de lui imposer la lutte, ou de la devancer alors que la victoire pouvait encore être disputée.

(1) Voir *The Administration* ou *The Eve of the Rebellion*, par James Buchanan, sur le Dred Scott case et le territoire du Kansas. A cette époque, une partie du Kansas refusait de reconnaître la suprématie du gouvernement fédéral ; et on vit cette anomalie — bien naturelle chez des gens sans principes, — que ceux-là même qui niaient l'indépendance des *États* affirmaient celle d'un *territoire*.

(2) La lutte du Congrès contre la Constitution avait même déjà commencé. Voyez *The Administration* ou *The Eve of the Rebellion* sur le célèbre « *Covode committee.* »

D'un côté la perte était certaine ; de l'autre le succès était possible. Peut-on blâmer le Sud d'avoir choisi le dernier parti ? Voilà le fond de toute la question. Désir immodéré de domination de la part du Nord ; désir bien naturel de la part du Sud de maintenir sa liberté. Toutes les considérations que l'on peut chercher en dehors, comme celle de l'esclavage, ne font qu'obscurcir la question, et si elles servent l'intérêt particulier, elles nuisent à la vérité.

En résumé, on peut dire que le gouvernement fédéral, en cherchant à maintenir l'Union par la force, a rompu avec tout son passé et avec le principe de sa propre existence. Car si le droit politique d'abandonner l'Union pouvait être contesté à un État, il est certain que le droit moral de l'y maintenir par la force n'était pas soutenable d'après la Constitution, les principes, les tendances et les précédents du peuple américain. Et c'est même cette prétention qui a été la cause immédiate de la scission de la Virginie, et avec elle de celle des États du centre ; car malgré la considération soi-disant omnipotente de l'esclavage que les avocats du Nord en Europe ont si bien exploitée à leur profit, il n'en est pas moins vrai que la Virginie ne consentit à quitter l'Union que le jour où Lincoln eut l'audace de lui demander son contingent pour la rétablir par les armes. Une pareille tentative devait être reçue par la « mère des États », le palladium des libertés américaines, le sanctuaire des plus chères traditions d'indépendance du jeune peuple, avec ce cri d'indignation que le sentiment de l'injustice arrache à toutes les consciences droites. Ce n'était rien moins à ses yeux que la prétention d'ériger l'arbitraire en droit et la violence en devoir. Aussi, à partir de ce jour, la Virginie n'hésita plus. Elle se sacrifia noblement quand l'ennemi était déjà à ses portes, et qu'elle n'avait encore rien préparé pour le combat ; et les États du centre suivirent ce courageux exemple. Ces faits sont concluans à l'égard de l'esclavage en tant que considéré comme cause dominantte de la guerre ; mais nous avons assez insisté sur ce sujet pour qu'il soit inutile d'y revenir.

. Il est impossible que dans un pays aussi vaste que les États-Unis, il ne se produise pas des modifications politiques qui, selon le tempérament de la génération présente, dégénéreront en luttes ou s'accompliront pacifiquement. Les révolutions pacifiques sont rares dans l'histoire, parce que les passions humaines s'y opposent, et il eût été bien digne de la jeune république d'en fournir un exemple au monde. Les quatre années de la présidence de Lincoln se fussent écoulées en paix, et il n'eût pas été surprenant de voir ensuite les deux sections se réunir sur de nouvelles bases plus conformes à l'esprit du temps et aux besoins du moment. Beaucoup de personnes d'expérience pensent que sans la guerre la séparation n'eût été que de courte durée. Quoi qu'il en soit, le principe de révolution pacifique eût été consacré au grand avantage de tous (1). Car, si l'on admet que des changements sont inévitables, tout ce qu'on est en droit d'exiger est qu'ils se produisent dans un esprit conforme aux institutions libérales, d'où la société américaine tire sa raison d'être. Mais c'est précisément le contraire qui eut lieu. Le gouvernement fédéral roula dans l'ornière des préjugés humains. Il fit ce que les despotes du vieux monde avaient fait avant lui. Il sacrifia la liberté à une unité politique qui, du moment qu'elle était imposée, ne pouvait aboutir qu'à l'oppression. Son droit fut celui du plus fort ; son principe, que la fin justifie les moyens, et bien qu'il ne le formulât pas explicitement, ses actes l'on proclamé d'une manière irréfutable et en ont fait désormais une maxime fondamentale de la nouvelle société américaine.

Donner la prééminence au principe politique de l'unité américaine était une théorie dangereuse, subversive et rétrograde de sa nature. Si l'indépendance des colonies avait eu pour but l'inauguration d'un gouvernement libre, ses défenseurs avaient sans contredit bien mérité de leur postérité ; mais, s'ils n'avaient créé qu'une *unité politique*, ils n'avaient vraiment rien fondé. C'est pourtant à cette chose insignifiante que l'administration dont Lincoln était le chef a rabaissé la noble tâche des signataires de la déclaration d'indépendance. Aussi, de même que Washington peut être appelé le fondateur de la société américaine, Lincoln peut en être appelé le destructeur. Prendre l'unité politique ou territoriale pour la liberté, c'est commettre une erreur qui ne peut sortir que d'un cerveau malade, ou qui a intérêt à déguiser sa pensée. L'œuvre de Washington ne se terminait pas par la séparation d'un ou de plusieurs États,

---

(1) M. Seward lui-même (depuis le bras droit de Lincoln) avait annoncé ce résultat dans un discours prononcé à Baltimore longtemps avant la guerre et qu'on a souvent cité. Il y disait : « La rupture de l'Union est inévitable. Lorsque cet événement arrivera, les Américains donneront au monde un brillant exemple de la vertu des institutions républicaines ; ils se sépareront en paix sans verser de sang. » Le jour est arrivé, mais le monde attend encore l'exemple. Edward Everett et d'autres partageaient les mêmes sentiments. Voir l'excellent article de M. H. Marie Martin, dans *le Constitutionnel* du 4 juillet 1865.

mais elle était nécessairement anéantie par leur centralisation. Les partisans du Nord ne peuvent donc pas éviter la conclusion qu'ils préfèrent l'unité politique à des institutions municipales libres, c'est-à-dire l'ombre de la liberté à sa substance ; et leur aversion pour la tyrannie est de mauvais aloi en ce qu'elle ne s'exerce que lorsqu'ils en sont les victimes, mais qu'ils n'ont pas de scrupule à s'en faire les instruments. L'événement l'a bien prouvé. Le Nord, à l'issue de la guerre, tout en se vantant de perpétuer le principe des fondateurs de la république, a réduit le Sud à l'état de colonie, et sous un régime bien autrement rigide que celui de la mère-patrie, qui ne le fut jamais, bien qu'il fût arbitraire ; et pour que la comparaison fût complète, il l'a imposé sans admettre sa représentation.

Quand l'hypocrisie et la tyrannie sont aussi palpables, on s'étonne que les radicaux du Nord aient pu se faire passer pour les défenseurs du droit et de la liberté. Mais ils savent bien ce qu'ils font ! ils savent que les passions humaines se payent plus de mots que de raisons, et ils sont habiles de savoir mettre de leur côté la providence des *gros bataillons.*

A défaut d'arguments, ils ont, il faut l'avouer, un vocabulaire politique complet. Ils font ronfler bien fort les mots de *rebelles,* de *traîtres.* Ils font sonner bien haut celui de *loyauté...* Car, ils ont aussi la leur. Et quelle est-elle ? Est-ce envers un homme ? Non. Envers un principe ? Non. Envers un État ? Non. Envers un peuple ? Non !... Envers quoi donc ? Un parti, un parti heureux. La loyauté vis-à-vis d'un ordre de choses qui n'a jamais existé, voilà celle qu'ils *imposent ;* car ils ne peuvent le déduire ni de la Constitution, ni des traditions, ni des précédents du peuple américain. La soumission à un parti qui a institué un gouvernement dans lequel la moitié du pays est déclarée en permanence traître à la patrie, voilà ce qu'ils demandent au nom de la liberté.

Car c'est là leur prétention et ils n'en veulent rien rabattre. Il ne leur suffit pas d'être les plus forts, ils veulent paraître les plus justes. Il ne leur suffit pas qu'on leur obéisse, ils veulent qu'on les encense. Et se parant des oripeaux d'une sentimentalité morbide qui ne sort pas du cercle étroit où l'enferment la vanité et l'égoïsme, ils prétendent qu'on leur sache gré même de leurs cruautés.

Et, chose étrange, ils savent trouver des admirateurs !.... N'avons-nous pas entendu dire à satiété que le gouvernement fédéral avait su vaincre sans *voiler la statue de la liberté,* expression aussi ridicule par la forme qu'elle est sotte dans le fond. Puisque ce style boursouflé est de mode, je répondrai qu'il est bien inutile de voiler une statue quand on la brise. C'est ce que l'administration fédérale a fait dès le début de la guerre. Quoi ! des journaux supprimés sommairement, des citoyens arrêtés sans accusation et reteuns en prison sans jugements ; d'autres envoyés devant des tribunaux militaires ou exilés par le pouvoir exécutif, etc., etc., tout cela dans le Nord même, ce n'est donc rien ? Si la liberté ne se voile pas la face pour cela, il faut convenir que voilà une *déesse* qui n'a guère de pudeur.

Des dehors trompeurs, un prétexte, un masque, voilà ce qu'il faut aux radicaux, comme à tous les faux amis de la liberté. Il est des mots qui exercent sur certaines gens peu éclairés un charme tout-puissant, précisément parce qu'ils leur communiquent une impression où le raisonnement n'a aucune part. Quand le pouvoir de ces mots finira, le monde des humanitaires s'écroulera. Mais jusque-là qu'ils se réjouissent ! Ils ont encore bien du sang à faire couler. Ils auront encore bien des occasions de proclamer leur humanité ; car, de l'exercer dans l'ombre, ce n'est pas leur affaire. Eux, les privilégiés, les aristocrates du sentiment, allons donc ! c'est bon pour les obscurs ! Il faut avant tout que l'univers retentisse du son de leur trompette ! Quand son cri strident a été entendu, il suffit ! Leur tâche, pour ce jour, est terminée. Celle des *publicains* commence. N'est-il pas juste qu'on se partage ? aux uns de conseiller, aux autres de pratiquer pour la plus grande gloire des premiers. Deux choses sont nécessaires à ces apôtres du genre humain : premièrement, une matière à développer qui, n'exigeant que peu ou point d'étude, admette beaucoup de sentiment ; deuxièmement, un homme ou une classe de gens *contre* lesquels puisse s'exercer leur humanité. Car elle se caractérise en cela qu'il n'est pas nécessaire que personne en profite, mais qu'il est indispensable que quelqu'un en souffre. Qu'on en juge par ce qui se passe dans les États Édu Sud ! En affranchissant leurs esclaves, sans compensation d'aucune nature, vous auriez cru qu'ils se purgeaient à tout jamais de l'esclavage. Vous auriez pensé peut-être qu'ils ne pouvaient faire plus et que cela devait suffire ? Erreur ! Il n'y a plus d'esclaves, mais il y a encore des esclavagistes (1), ce

(1) On se sert encore de ce terme dans le Nord des États-Unis et dans une partie de la presse européenne pour désigner les citoyens du Sud opposés aux radicaux ; c'est-à-dire à très-peu de chose près tout le pays. Car il n'y a guère de radicaux dans le Sud que les émigrés du Nord pendant et depuis la guerre.

qui prouve bien que l'*humanité* des abolitionnistes du Nord s'exer-
çait moins *pour* les premiers que *contre* les seconds. De crainte que
l'affranchissement n'enlève tout prétexte à la calomnie, on feint de
le croire mal affermi, simulé. A défaut d'esclavage réel on a inventé
« l'esclavage déguisé.» Nous savons trop bien, nous autres, qui est-ce
qui se déguise ! Enfin, il fallait un *mot,* et on l'a fait. Il sert maintenant de prétexte à de nouvelles injustices, et quand on en aura tiré
tout ce qu'on en peut tirer, on en cherchera un autre; et il ne sera
pas malaisé d'en trouver toujours, avec un peu d'invention et beaucoup de mauvaise foi.

Il est pourtant à remarquer que l'apologie du Nord est insépa-
rable de certains retours favorables au Sud qui témoignent du
trouble que la défense d'une cause si injuste doit jeter dans la pensée de nos ennemis publics. M. de Montalembert nous en offre un
exemple. Il est bien forcé d'admirer Washington, bien qu'il eût des
esclaves. Mais John Brown !! Il pourrait bien être un martyr ! Sumner est certainement un héros; pourtant Lee est près de son
cœur (1). Car il n'est pas tellement fermé aux souffrances du Sud,
qu'il ne condescende à jeter de temps en temps une goutte de baume
sur ses plaies. Mais nous protestons contre ces aumônes du sentiment. Nous repoussons l'adulation de nos ennemis comme un pal-
liatif de mauvais aloi, une sorte d'assaisonnement destiné à faire
passer l'injustice. La défense du Sud n'a point de ces faiblesses.
Et pourquoi en aurait-elle? Si l'héroïque effort de ses citoyens, si le
patriotisme sublime de tant d'épouses et de mères, commandent le
respect et l'admiration du monde entier, quel respect devons-nous,
nous autres, à ces radicaux que l'on vante tous les jours? Est-ce, je le
demande, à Butler, justement surnommé *la Brute,* pour avoir cherché à outrager les femmes? Est-ce à Brownlow, ce célèbre ministre de
l'Évangile, pour avoir récemment exprimé en public le vœu que,
dans la prochaine guerre, une partie de l'armée marche avec le fer,
l'autre avec la torche, et que tout soit mis à feu et à sang? Est-ce à
leur parti tout entier, pour avoir écrasé le Sud sous de faux sem-
blants et pour vouloir maintenant le maintenir sous le joug du des-
potisme? Que faut-il respecter, de l'hypocrisie ou de la cupidité, et
par quelle étrange perversion d'idées appelle-t-on loyauté la soumission à l'égoïsme d'un parti? Je sais qu'on a vu des exemples de
fidélité et de dévouement à de mauvais princes : le cœur aussi peut

(1) Voir *la Victoire du Nord aux États-Unis.*

errer. Mais il me semble que la défense des hommes du Nord, et moins encore la connivence avec eux, ne peuvent même chercher leur excuse dans un égarement du cœur. En effet, ils n'ont pour eux ni l'élévation de la pensée, ni la noblesse des sentiments, ni la générosité du caractère, ni le prestige du rang, ni la grandeur. Ils ont plus peut-être, car ils ont le succès. Mais nous ne saurions les respecter pour cela. Pour nous ils sont des oppresseurs ; et tous les oppresseurs se ressemblent, qu'ils s'appellent Néron ou Jacques Bonhomme ; qu'ils soient vêtus de pourpre ou les manches relevées ; qu'ils soient armés d'un sceptre ou d'un couteau.

La crise que les États-Unis viennent de traverser, ou plutôt la révolution qui s'y accomplit et dont la guerre n'a été que la première phase, a complétement transformé le tempérament et dénaturé le principe de son gouvernement. L'Amérique d'hier et celle d'aujourd'hui n'ont de commun que le nom. Entre les deux il faut savoir choisir. Il faut choisir entre l'Amérique des colonies devenues États indépendants, et celle des États redevenus colonies. Pour nous, notre choix est fait. C'est l'Amérique de Washington, qui est celle du grand et bon Jefferson Davis, qui a notre admiration et nos ardentes sympathies. Quand à l'Amérique nouvelle, celle de la Nouvelle-Angleterre, l'Amérique des Ben Wade, des Sumner, des Brown-lou, des Butler, l'Amérique de l'égoïsme et du dollar, nous l'abandonnons bien volontiers à ses défenseurs.

Et en cela, nous sommes heureux de penser que le sentiment de la France est avec nous. Car il serait injuste de juger un peuple par les clameurs d'une partie de la presse. Nos adversaires l'ont avoué. Le plus illustre d'entre eux l'a reconnu en rappelant ce cri célèbre « *tant pis !* (1) » sorti spontanément des poitrines des représentants de la France, lorsque la défaite du Sud leur fut officiellement annoncée ; cri national et non pas honteux, comme a osé l'écrire M. de Montalembert. Ce qui nous semble honteux, c'est de ne l'avoir pas compris.

Oui, il n'en faut pas douter, l'instinct du peuple français, si droit, si loyal, si généreux, a guidé ses sympathies vers le Sud opprimé. Cette remarque n'a pas échappé aux radicaux d'Amérique. Leur haine traditionnelle pour tout ce qui est Français s'est accrue du sentiment instinctif de cette sympathie, et s'est manifestée dans tout ce que l'occasion a pu lui fournir de plus amer. Au milieu des ou-

(1) Voyez *la Victoire du Nord aux États-Unis*, page 8.

trages dont on s'est plu à accabler le malheur, c'est une sorte de consolation de penser que nos ennemis en France ont fait cause commune avec les ennemis les plus acharnés du nom français. Le Sud, au contraire, n'a pas cessé d'honorer la France. Ce contraste nous a souvent frappé, et la conscience de la sympathie qu'il révélait est venue souvent adoucir notre exil volontaire, et nous fortifier dans nos travaux. Il nous était doux de penser que nous combattions dans les rangs d'une nation aimée de la France, digne de devenir son alliée, déjà sa sœur, parce qu'elle aussi était grande par e cœur. C'était une sorte de récompense que comprendra tout cœur français. Si c'est une illusion, elle nous a été chère, et elle a été partagée par des milliers de braves qui l'ont emportée, dans toute sa pureté, dans la tombe où ils reposent maintenant en paix sous le sol vénéré de leur pays.

CAMILLE DE POLIGNAC.

APPENDICE.

La lettre suivante, qu'on lira avec intérêt, fournira un exemple de plus de la mauvaise foi des abolitionnistes dans l'exercice de leur feinte humanité. Elle est extraite d'un ouvrage récent du marquis de Lothian : « *La Question américaine* » (1), auquel nous ne pouvons mieux faire que de renvoyer nos lecteurs. Ils y trouveront une étude très-approfondie des questions politiques et sociales qui se rattachent à la guerre, et un recueil de documents fort intéressants tant au point de vue de la statistique qu'à celui de l'histoire.

Extrait d'une lettre adressée par le comte de Selkirk
au marquis de Lothian (2).

« Il faut que je vous parle d'une circonstance qui peut donner un exemple de la manière d'agir des abolitionnistes à l'égard des nègres. Quelques années avant mon voyage aux États-Unis, la législature de la Caroline du Sud avait voté une loi qui obligeait tout propriétaire possédant sur sa plantation un certain nombre de familles de noirs, à établir une école pour les enfants et à leur apprendre à lire et à écrire ; les propriétaires sur les plantations desquelles les nègres étaient en nombre moindre, devaient s'entendre avec leurs voisins pour entretenir une école à frais communs. Ce système était mis en pratique depuis un certain temps déjà, et les enfants commençaient à être en état de lire leurs Bibles, lorsque l'on découvrit tout à coup que le pays était inondé d'un déluge de brochures, de l'espèce la plus dangereuse, dans lesquelles

(1) Paris. Librairie Achille Faure, 1865.

(2) Émanant d'une autorité aussi élevée, les faits contenus dans cette lettre sont d'autant plus irréfutables que le comte de Selkirk était aux États-Unis pendant les présidences de Jackson et de Van Buren, et qu'il était lié avec eux, de même qu'avec Calhoun, Clay et Webster.

on soutenait que les nègres avaient le droit de se soulever contre leurs maîtres, et même qu'ils ne commettraient aucun péché en les tuant. Ces pamphlets furent apportés par les nègres à leurs maîtres, et l'on apprit qu'ils avaient été répandus par des colporteurs Yankees. Une grande alarme s'ensuivit naturellement, et les Caroliniens du Sud, qui sont toujours impétueux et prêts à aller d'un extrême à l'autre, rapportèrent immédiatement « l'acte sur les écoles, » et votèrent une mesure qui édictait des pénalités contre ceux qui apprendraient désormais à lire aux nègres. J'ai souvent entendu ce dernier fait mentionné par les abolitionnistes, mais je n'ai jamais entendu parler par eux de la première partie de l'histoire qui m'a été contée sur les lieux ; j'ai fait des recherches si sérieuses pour m'en assurer que ma conviction est arrêtée. Je crois que l'acte sur les écoles a été voté de 1820 à 1826, et que l'acte contre l'instruction des nègres l'a été entre cette époque et 1835, pendant mon séjour dans ce pays. »

FIN.

Paris. — Imp. BALITOUT. QUESTROY et Cⁱ, 7, rue Baillif et rue de Valois, 18.

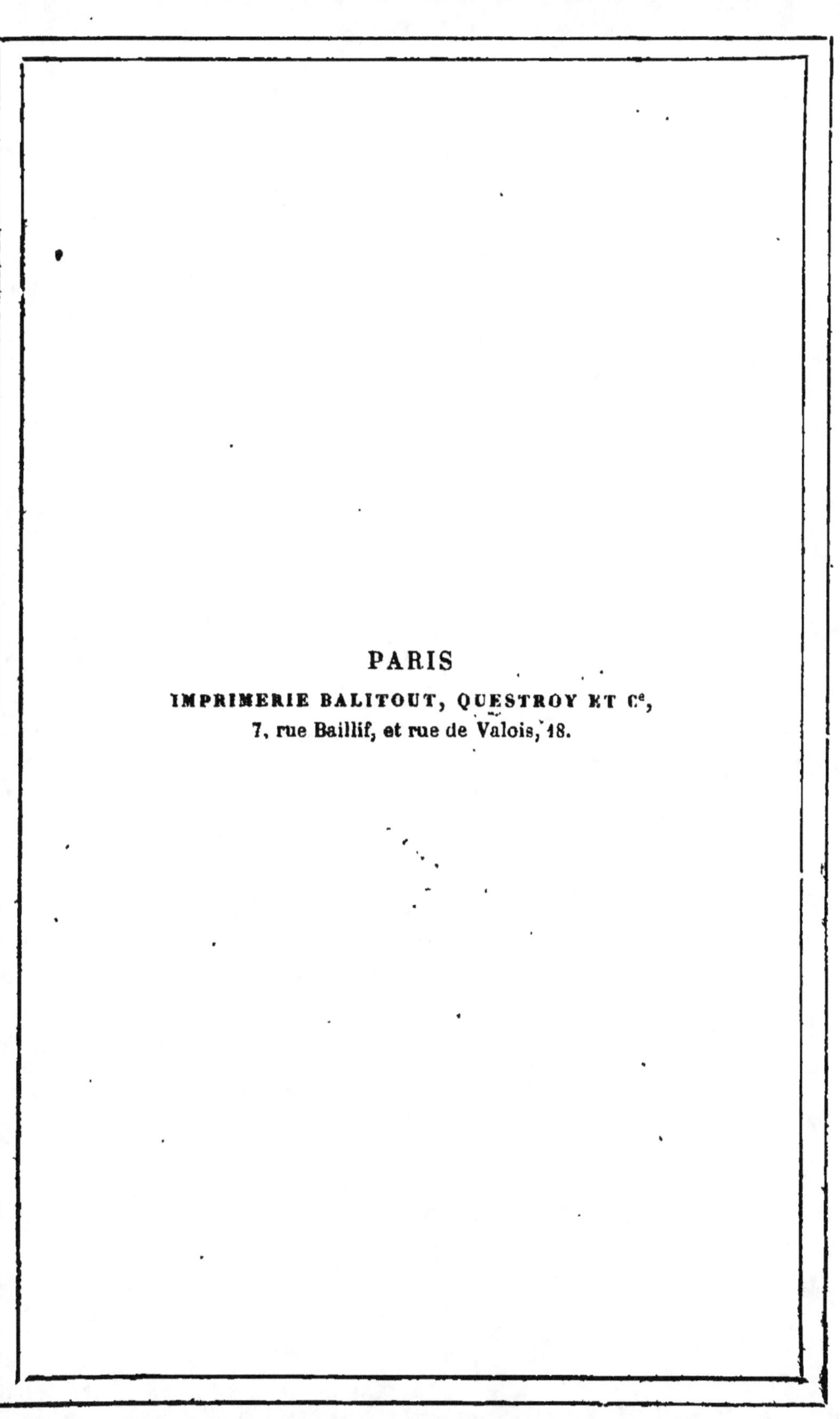

PARIS

IMPRIMERIE BALITOUT, QUESTROY ET Ce,
7, rue Baillif, et rue de Valois, 18.